Benjamin Kuhlhoff & Ilja Behnisch

ALLES AMATEURE

Warum die Kreisliga unsere wahre Liebe ist

PIPER

Mehr über unsere Autoren und Bücher:
www.piper.de

MIX
Papier aus verantwortungsvollen Quellen
FSC® C083411
FSC
www.fsc.org

Originalausgabe
ISBN 978-3-492-31262-2
April 2018

Umschlaggestaltung: Rothfos & Gabler
Umschlagabbildung: Marc Jahnen
Satz: psb, Berlin
Gesetzt aus der Spectrum
Druck und Bindung: CPI books GmbH, Leck
Printed in the EU

An alle Fußbälle dieser Welt:
Sorry, dass wir euch das jede Woche antun.

0.
Anpfiff

Wir sind nichts. Wir sind viele. Wir sind alles.

Wir sind die Hartgesottenen, die sich sonntagmorgens im Bindfadenregen auf ihr Fahrrad schwingen, um pünktlich beim Treffpunkt zu sein, weil jede Minute Verspätung 50 Cent kostet.

Wir sind die Taschenmessies, die zwar vier Paar Socken dabei haben, aber nie ein Handtuch. Wir sind die Drecksäcke, die dem Gegner in die Achsel zwicken, damit er uns eine runterhaut und vom Platz fliegt.

Wir sind die Unschuldslämmer, die nach einer Blutgrätsche entschuldigend die Arme hochreißen, obwohl wir es genau so gemeint haben. Wir sind die Eisenkörper, die direkt aus der Kneipe auf den Platz stolpern und sich nicht aufwärmen, weil der Restalkohol den Schmerz betäubt.

Wir spielen schön, beschissen, hoch und weit. Wir laufen viel, selten oder nie. Wir stehen da, wo man nicht stehen sollte, und nie da, wo es nötig wäre. Wir sind immer anspielbar und doch gedeckt. Wir lieben den Ball und können dennoch nicht zärtlich zu ihm sein. Wir stoppen die Kugel so, wie andere sie schießen, und laufen in Räume, die keine sind. Wir reden von Viererkette und heben das Abseits auf. Wir schimpfen, fluchen und liegen uns schnaufend in den Armen. Wir schieben raus, rücken rein, treten fest. Und manchmal kommen wir viel zu spät. Dann tut es richtig weh.

Wir sind Daniel, Steffi, Murat. Wir sind Kathy, Ewald und Björn. Wir sind Steini, Presskohle, Analdinho. Wir sind Captain Hässlich, Bumsi und Chancengroth. Wir sind Dampfhammer, Feingeister, Ersatzspieler. Wir sind Trainingsweltmeister, stinkfaul oder verletzt.

Wir sind Trainer, Manndecker, Sturmtanks. Wir sind das Spiel, das diese Welt zu einer besseren macht. Zumindest, solange sie zwischen weiße Kreidelinien gepackt ist. Zumindest für neunzig Minuten. Plus Nachspielzeit.

Wir spielen in 25.000 verschiedenen Vereinen. In 160.000 Mannschaften. Wir sind 7.000.000 Menschen mit Pass und unzählige ohne. Wir sind Deutsche, Iraner, Rumänen. Unser Spielfeld hat keine Grenzen. Nur Tore. Und die stehen meist offen. Wir bezahlen Jahresbeiträge, um Fußball spielen zu dürfen, und kassieren keine Millionen, um Fußball spielen zu müssen. Wir haben Jobs. Fußball ist unser Hobby. Unser Leben.

Wir sind die Trashtalker, die zu jedem Spruch den passenden Konter parat haben, weil man auf dem Rasen und in der Kabine nicht klein beigibt. Wir sind die Irren, die ihre Freizeit einem Spiel opfern, das sie nicht im Ansatz verstehen oder gar beherrschen.

Wir sind die Fantasten, die da rausgehen und sich aus

drei Metern Entfernung in jeden Vollspannstoß werfen, auch wenn es 2:8 steht. Wir sind die Wahnsinnigen, die zum Training rennen, obwohl wir wissen, dass sich eh nichts ändert. Wir sind die Verpeiler, die schnell noch den Satz Trikots trocken föhnen, weil wir vergessen haben, die Waschmaschine auszuräumen. Wir sind die Ersthelfer, die ausgerenkte Kniescheiben wieder reindrehen, bevor der Notarzt kommt. Wir sind Eisspray, Ibuprofen und kaltes Bier.

Wir kaufen uns vor jeder Saison neue Trainingskleidung. Wir tragen rote, goldene, schwarze Schuhe. Wir stehen vor dem Spiel fünfzehn Minuten vorm Spiegel, nur um dann kurz vor Anpfiff noch schnell in die nächste Hecke zu pinkeln. Wir flanken hoch, wir köpfen weit und schießen meist über das Ziel hinaus. Wir können vergessen, was misslungen ist. Aber wir werden nie vergessen, wo wir waren, als der Ball dieses eine Mal perfekt in den Winkel einschlug. Das Geräusch, wenn der Ball das Netz küsst. *Swoosh.*

Wir pfeifen auf die Schiris, wenn sie gegen uns sind, und spendieren ihnen ein Pils, wenn sie mal ein Auge zudrücken. Wir wissen, sehen und können alles besser als der Gegner. Und wenn nicht, ist der Gegner ein Arschloch. Wir sind Helden, wir sind Lügner, wir sind heute nur auf der Bank. Wir fragen uns, warum wir uns den Scheiß antun, und packen dann doch wieder unsere Tasche, öffnen wieder die Kabinentür, ziehen wieder die Stutzen hoch. Wir machen Liegestütze im Schnee, Intervallläufe in sengender Hitze und kotzen hinter das Tor. Dann wischen wir uns den Mund ab. Dann sind wir glücklich. Dann machen wir weiter. Immer weiter.

Wir sind das Herz und die Niere des Fußballs.

Wir sind am Puls der Nachspielzeit.

Wir leben für das Spiel. Wir leiden für das Spiel.

Wir sind Chris, Flasher, Schnecki.

Wir sind Kai, Hünemann, Martin.

Wir sind Uwe, Hotte, Riu.

Wir sind Dölli.

Bierbäuche aller Klassen, vereinigt euch!

Wir sind der Fußball. Wir sind Idioten. Wir sind die Geilsten.

Wir sind alles Amateure.

1.

Die dritte Halbzeit gehört uns

Sonntag, 14:18 Uhr: Der Regen nieselt sanft auf Waschbetonplatten. Von der Bierbude strömt das Murmeln der letzten Ausharrer in Richtung Kabinentrakt. Dreizehntes Heimspiel, zehnte Niederlage, achtes Bier, es wird nicht besser, aber muss ja. Aus dem offenen Oberlicht der Gästekabine quillt die Euphorie. In der Heimkabine sammelt sich der TSV. Fußball trifft Fußpilz, jeder Vereinsmythos landet irgendwann auf dem gekachelten Boden der Tatsachen. Mittendrin: Verteidiger Chris.

Wenn jetzt noch einer diesen einen Satz sagt, drehe ich durch. Mein Blick schweift durch den Raum. Über zusammengeknüllte Stutzen, müde Augen. An Harrys Stirn klebt ein Grashalm. Mitten in die Stille knallt Schnecki eine Wasserflasche in seine Sporttasche. »Scheiße«. Seine Wut verhallt in den Gesichtern der Jungs, denen das Motto unserer Seuchensaison unsichtbar auf die Stirn geschrieben steht: »Es ist nicht so, dass wir nicht wollen – aber …«

Noch zwei Spieltage, noch zwei Heimspiele, Vorletzter der Kreisliga C, sechs Punkte fehlen zum Klassenerhalt. Sechs Punkte bis zum rettenden Ufer.

Das Spiel ist aus, und wieder hocken wir in unserer Kabine und hoffen, dass es für immer still bleibt. Dass keiner den einen Satz sagt, der alles noch unerträglicher macht. Dölli verzweifelt über den Taperesten an seinem Stutzen, reißt sich schließlich die Socken vom Fuß und wirft sie in den Mannschaftskoffer. Alles Ballast, alles weg. Hünemann ist in sein Smartphone abgetaucht. Das blaue Leuchten des Bildschirms macht sein Gesicht nur noch blasser. Unser Trainer Uwe schüttelt seit drei Minuten pausenlos den Kopf. Links, rechts, links, rechts, als hoffte er, dass ihm vielleicht irgendwann eine rettende Idee aus den Ohren fällt. Wird nicht passieren. Die Zeit dehnt sich wie ein Bungee-Seil. Die Stille nach dem Schlusspfiff.

Uwe räuspert sich. Wären wir auf einem Familienfest, würde er nun mit dem Messer gegen seine Bierflasche schlagen, damit auch der letzte Ochse versteht: Jetzt kommt eine staatstragende Rede. »Leute, ganz ruhig. Wir müssen das Positive aus dem Spiel ziehen. Gegen all die Widerstände haben wir es gar nicht schlecht gemacht. Wir standen gut in den Pressingzonen, haben konsequent verschoben, nur das Vertikalspiel war zu überhastet. Aber die wichtigste Lektion für uns heute ist: Wir gewinnen als Mannschaft, und wir verlieren als Mannschaft. Jeder sollte sich an die eigene Nase fassen, bevor er auf andere losgeht.« Ole steckt den Kopf aus der Dusche: »Ähh, kann mir jemand ein Handtuch leihen?« Uwes Rede ist damit bereits vergessen, bevor sie überhaupt auf den Punkt gekommen ist. »10 Euro für die Mannschaftskasse sind notiert«, kontert Hünemann und wirft Flasher ein Handtuch zu. Ordnung muss selbst im größten Chaos sein.

Trotzdem wieder Uwe: »Das Ergebnis liest sich natürlich heftig. Aber eigentlich ist alles gut. Im Endeffekt machen wir hier neunzig Minuten lang das Spiel und kriegen fünf dumme Konter. Ich muss das jetzt erst mal dem Kerl von der Kreiszeitung erklären. Kopf hoch, Jungs.«

»Genau, Trainer.« Martin hat ein Gespür für Geschleime. »Zwei Spiele bleiben uns noch, beide zu Hause. Das sind sechs Punkte. Das reicht, um da unten rauszukommen. Wir sind nicht schlechter als die anderen.« Jeder klopft jetzt irgendwie aufmunternd auf seine Bank. Einige wahrscheinlich sogar aus Überzeugung. Uwe schlurft zur Tür. Es scheppert. Dann ist es ruhig.

»Schaaaaalalala-Schalalalalalala«, jetzt wabern aus der Nachbarkabine auch noch die Siegesgesänge zu uns rüber. Die Derbysieger, wir Loser. Kai knallt die Tür zu und tritt gegen die Bank. Harry scheppert das gekippte Fenster zu. Es ist übertrieben, diese kleine Öffnung in der Ecke überhaupt Fenster zu nennen. Durch jahrelange konsequente Nichtbeachtung bei Renovierung und Reinigung fallen durch dieses Rechteck so viel Licht und Frischluft in den Raum, als hätte man es irgendwann zugemauert. Die Fugen zwischen den Fliesen haben sich schwarz verfärbt. Ich muss an Fußpilz denken. An nässende Eiterwunden zwischen den Zehen. Trotzdem bleibt mein Blick daran kleben. Als stünden dort aufmunternde Worte. »Das wird schon. Kopf hoch.« Doch da steht nichts. Da ist nur Dreck. Es ist zum Kotzen. Habe ich Badelatschen dabei?

Ich hätte ahnen können, dass das Wochenende unter keinem guten Stern steht. Spätestens, als mich mein Chef am Freitag kurz vor Feierabend zu sich rief.

»Was sagst du denn dazu, Chris?«, spuckte er am Ende eines endlos langen Monologs über Motivation, Sorgfalt als Zahntechniker und Firmenphilosophie in den Raum.

Ich antwortete: »Wozu genau?«, weil ich eben nicht wusste, was er von mir wollte. Weil ich eigentlich immer gedanklich aussteige, wenn jemand mehr als sechs Sätze aneinanderreiht, die nichts mit Fußball zu tun haben.

»Wo bist du nur immer mit deinen Gedanken?« Er klang durchaus besorgt. So wie mein Vater, als ich in der siebten Klasse die dritte Fünf in Mathe mit nach Hause gebracht hatte. Seine Angst, dass mein Abitur damit in weite Ferne rücken und ich bei Aldi an der Kasse enden würde, legte sich in Falten auf seine Stirn. Im Subtext schwang schon damals genau das mit, was mir mein Chef insgeheim mitteilen wollte: »Ich bin nicht sauer auf dich, einfach nur wahnsinnig enttäuscht.«

Ich guckte geläutert auf seinen Schreibtisch und verließ das Büro mit einer Abmahnung. Ab ins Auto, Mucke auf volle Lautstärke, runter vom Parkplatz. Kopf aus, Feierabend, Wochenende. Dabei hätte ich meinem Chef am liebsten noch hinterhergerufen: »Wo ich mit meinen Gedanken bin? Natürlich in der Kabine. Sonntag ist Derby.« Doch ich habe geschwiegen, weil er sowieso nicht verstanden hätte, was mir Fußball in der Kreisliga bedeutet. Er spielt Golf.

Jetzt ist Sonntag, das Derby vorbei, ich sitze in der Kabine und bin nicht sauer, sondern einfach nur enttäuscht. Von mir, von uns, vom Fußballgott. Dabei liebe ich diesen Ort, an dem der Maurer Kai seit sechs Jahren neben dem Anwalt

Lutz hockt und hitzig über das Vertikalspiel diskutiert, das in der Zeit vor Uwe bei uns noch »Langholz« hieß. An dem es keine Rolle spielt, ob Harry Deutscher oder Riu Vietnamese ist oder ob der A-Jugendliche, dessen Namen sich keiner merken kann, heimlich davon träumt, doch noch von einem Bundesligascout entdeckt zu werden. Jeder weiß, dass Martin mal wieder von seiner Freundin betrogen wird und Hünemann Teile der Mannschaftskasse im Spielautomaten versenkt. Na und? Hier kann jeder sein, wie er will. Hier muss man niemandem Zucker in den Arsch pusten, um weitermachen zu dürfen. Hier darf man sogar manchmal ein Arschloch sein. Zumindest für drei Stunden. Es nimmt einem keiner übel. Bei uns will keiner wissen, wie der Tag so war. Keiner fragt, was in letzter Zeit eigentlich los sei. Hier stellt sowieso niemand Fragen. Außer vielleicht die eine, unvermeidliche: »Hat noch jemand ein zweites Paar Schienbeinschoner?«

Wir haben 1:5 verloren. Das ist nicht egal. Das tut weh. Körperlich irgendwie, aber auch seelisch. Warum eigentlich? Lutz erklärte mir mal, echte Liebe gebe es nur unter Freunden. Das war nach dem neunten Bier auf der letzten Weihnachtsfeier. Und da Lutz schon achtunddreißig ist und sicherlich mehr vom Leben weiß als ich mit einundzwanzig, glaube ich das, bis jemand den Gegenbeweis erbringt.

Jetzt sitze ich mit fünfzehn Freunden in einem Zwanzigquadratmeterraum voller Muff und Hoffnung. Von den Bänken blättert die grüne Farbe ab, in der Lüftungsanlage ist seit Jahren so viel Leben wie in dem Plastik, aus dem sie gemacht ist. Jedes Mal, wenn ich hier reinkomme, schießt mir der gleiche Geruch in die Nase. Dieses Gemisch aus feuchten Trainingsjacken und notdürftig gereinigten Sanitäranlagen. Süßlich und doch beißend. Fünfundzwanzig Jahre Schweißfüße lassen keine Fliese kalt. Fünfundzwanzig Jahre hat hier keiner mehr mit heißem Wasser durchgewischt. Seit fünfundzwanzig Jahren sagt der Vereinsvorstand, dass man die Kabinen renovieren müsse. Ist klar.

Aber es ist das Aroma, das in mir den Schalter umlegt. Es ist das Aroma, das mir sagt: »Fußball.« Es ist das Aroma, das mich heute vor dem Spiel zurückversetzte zum ersten Training nach der Winterpause. Schon da standen wir ganz unten drin und hatten doch noch große Pläne. Uwe hatte überraschend einen Cooper-Test anberaumt. In kurzen Hosen quälte ich mich durch den Schneeregen. Immer um die Hütchen herum. Noch eine Runde und noch eine Runde. Die Zeit im Nacken. Angetrieben von der Scham, mal wieder der Langsamste zu sein. Mit brennenden Oberschenkeln, schreienden Gedärmen und unappetitlichen Schimpfwörtern auf den Lippen schleppte ich mich als Vorletzter ins Ziel. Ich sank auf den nassen Rasen, die Kälte kroch langsam in meinen Körper. Und während der Rest der Mannschaft Richtung Kabine trottete, blieb ich noch ein paar Minuten liegen. Nach und nach gingen die Flutlichter über mir aus. Ich lag im Dunkeln, die Feuchtigkeit hatte auch die letzte Faser meiner Trainingsklamotten erobert. Ich war nass, mir war kalt, ich wollte ins Bett. Und ich lag einfach da und grinste wie ein Breitmaulfrosch. Weil ich glücklich war. Weil ich in diesem Moment nirgendwo lieber sein wollte als auf diesem Stück Rasen. Weil ich daran glaubte, dass sich die Quälerei lohnen wird. Dass wir es schaffen können, wenn wir die Gegner nicht ausspielen, sondern sie einfach überrennen, bis ihre Knie weich werden. Weil wir über neunzig Minuten fitter, galliger, williger auf den Ball und den Sieg sind.

Und plötzlich war es wieder da, dieses Gefühl. Die Nase lag im Rasen. Das Blut pochte durch meine Adern. Die

Feuchtigkeit stieg in die Schuhe. Das Wasser stand uns bis zum Hals. Ich war glücklich.

Dann roch ich den Restalkohol in der Kabine, sah Flashers dicke Augenringe, hörte, dass Ole kurzfristig abgesagt hatte, weil seine Oma Geburtstag hatte. Zum vierten Mal in diesem Jahr. Und plötzlich wuchsen in mir die Zweifel, ob das wirklich gut geht. Zweifel, die immer wiederkehren. Wenn die Niederlage zweistellig ausgefallen ist. Wenn ich nach sechs Wochen Verletzungspause und dem ersten Torschuss wieder aufhören muss, weil die verdammte Wade zwickt. Wenn ich bei 28° im Schatten den schwitzigen Schnecki auf dem Rücken zur Strafraumkante schleppen muss, weil General Uwe uns mit Übungen aus den Achtzigern quält. Aber heute fragte ich mich tatsächlich das erste Mal vor einem Spiel: »Schaffen wir das wirklich?«

»Du bist ganz eng dran an der Neun«, sagte Uwe bei der Besprechung zu mir, und ich musste mir schon verkneifen, den unweigerlich folgenden Halbsatz laut mitzusprechen: »Und wenn er aufs Klo geht – gehst du hinterher.«

Seit vier Jahren spiele ich in der Ersten, und genauso lange sagt er das schon zu mir. Jedes einzelne Wochenende. Wie gerne würde ich meinem Gegenspieler einfach mal zum Pinkeln folgen, nur um zu sehen, wie Uwe reagiert. Bestimmt würde er mich als leuchtendes Beispiel für Willen und Hingabe verkaufen – und keiner würde es ihm abnehmen.

Und als Uwe in der Halbzeit noch versuchte, uns mit einem lauten »Jetzt haben wir sie da, wo wir sie haben wollten« zu motivieren, blickte die ganze Mannschaft reflexartig zu Boden. Weil wir uns das Grinsen verkneifen mussten. Weil eine Kabinenregel besagt: Beim Stand von 1:4 wird nicht gegrinst. Da schaut man ernst, wütend, bereit zur letzten

Grätsche. Weil das Spiel gedreht werden muss. Weil es alles bedeutet. Oder einen verdammten Scheißdreck. Endstand 1:5. Vorletzter Platz. Noch zwei Spiele. Hauptsache, niemand sagt diesen einen verdammten Satz.

Und während in der Nachbarkabine bereits die Bierflaschen klirren und das Gelächter immer lauter wird, blicken wir an diesem Sonntagnachmittag in den Abgrund namens Kreisklasse. Noch sagt keiner ein Wort. Und das ist gut so. Weil in der Kabine ohnehin zu viel geredet wird. In den seltensten Fällen hilft es jemandem weiter. Jeder braucht mal Zeit zum Durchatmen. Oder eben Ruhe. Ist ja nicht böse gemeint. Fast alle sind hier auf irgendeiner Ebene befreundet. Freundschaft ist in der Kabine ein dehnbarer Begriff. Natürlich werfe ich mich für dich in jeden Schuss, aber morgen beim Umzug helfen? Puh, der Rücken. Lutz saniert regelmäßig Döllis Vorstrafenregister, Kai repariert Harry regelmäßig den Golf. Und keiner ist dem anderen böse, wenn er mal Nein sagt.

Und dann passiert es doch. Jemand sagt den einen Satz, den keiner braucht: »Wie soll man bei dem Schiri auch gewinnen?« Martin. Natürlich Martin. Kapitän, Dienstältester, kurze Zündschnur. Er schlägt mit der Faust gegen die Wand. Das soll wütend aussehen, sieht aber traurig aus. Weil er das in dieser Saison bei bisher achtundzwanzig Spielen schon neunzehnmal gemacht hat. Neunzehnmal haben wir verloren. Und weil er wieder so dasteht, wie er immer dasteht – nur in Stutzen bekleidet, kleines Bäuchlein, das Resthaar von Schweiß und Regen verklebt. Wie eine Statue des kleinen Mannes, der immer alles ausbaden muss, was die da oben verbocken. Am liebsten würde ich ihn anbrüllen. Doch ich bleibe still, weil ohnehin jeder von uns weiß, dass die Wand an unserer Situation so viel Schuld hat wie der Schiedsrichter. Aber das spielt jetzt keine Rolle. Die Logik hat heute mal wieder spielfrei. Martins wöchentliche Schirischelte ist der Anpfiff für das immer gleiche Nachspiel namens Spielanalyse.

»Der Sechser war ein Weichei. Den brauchte man nur aus zehn Metern Entfernung anzugucken, schon lag der winselnd auf dem Boden!« Kai will Martin offenbar zur Seite springen und macht dabei gleich ein ganz neues Fass auf.

»Der Achter auch«, ergänzt Schnecki und verstärkt seine These mit einem beiläufigen Griff in die Hose. Das zeigt überraschenderweise Wirkung, denn auch Harry fällt plötzlich ein: »Es läuft einfach immer beschissen. Wie letzte Woche: dieser Rasen! Eine totale Katastrophe. Ich habe gehört, dass die extra nicht gemäht haben, damit wir unsere spielerischen Stärken nicht entfalten können.«

»Welche spielerischen Stärken?« Habe ich das gerade wirklich gesagt? Flasher grinst mich kurz an, ein untrügliches Zeichen dafür, dass ich mal wieder laut gedacht habe. Aber sonst nimmt niemand Notiz von meiner deprimierenden Analyse unseres aktuellen Leistungsniveaus. Wir sind ein Team, das sich in vielen Situationen schlichtweg überschätzt. Wir reden wie Profis, trainieren wie Amateure und spielen am Wochenende meist wie Volleyballer. Aber wer bin ich, das jetzt laut auszusprechen?

An den Wänden unserer Kabine kleben die Phrasen aus mindestens dreißig Jahren Spielanalyse. Verbaler Gilb aus den glorreichen Jahren des Vereins. Kreismeister 1972 und 1975, Bezirksmeister 1981 und 1992, Kreispokalsieger 2001. Geschichten von großen Duellen, vom ausverkauften Sportpark, von ganzseitigen Zeitungsberichten im Lokalsport. Geschichten, die ich schon in meiner Kindheit aufsaugte, wenn sie mal wieder jemand im Vereinsheim über den Tresen posaunte. Wenn ich in meiner Fanta rührte und auf Papa wartete, der zum dritten Mal nur noch ein Bier trinken wollte. Oder eine Zigarette rauchen.

»Weißte noch.«

»Nee, das war so.«

»Früher war eh alles besser«, sagt er manchmal.

Heute ist so ein Tag, an dem ich ihm das glauben will.

»Wie soll man den Scheißflatterball überhaupt ordentlich halten? Was war das überhaupt für eine Gummikugel?« Lutz durchsiebt die Ruhe mit seinem Lieblingswort: Flatterball. Oder noch besser: Scheißflatterball. Das Synonym für jeden Ball, der ihm mehr als einmal pro Spiel über die Fäuste rutscht. Also eigentlich jeder Ball. Das kann diesen durchaus liebenswerten Mann zum Psychopaten machen. Dann ist er mit Vorsicht zu genießen. Wenn unserem Torwart und Vizekapitän erst mal die Sicherung durchbrennt, fliegen meistens persönliche Beleidigungen durch den Raum – und nicht selten Gegenstände hinterher. Legendär ist sein Ausraster vor knapp zwei Jahren, als er unserem Betreuer Wölfi einen Stollenschuh an die Stirn pfefferte, weil er in der Halbzeit erwähnte, dass unsere Ecken relativ ungefährlich in den Strafraum segelten. Die Platzwunde wurde noch in der Halbzeit fachmännisch von Riu verarztet. Rettungssani-Ehre. Seitdem haben wir übrigens keinen Betreuer mehr.

»Genau so ein Ei brauchen die für ihr Spiel. Die hauen die Kugel lang nach vorne und schicken ein Gebet hinterher. In so einer Mannschaft könnte ich nicht spielen. Da stehe ich lieber unten drin und versuche zumindest, Fußball zu spielen.« Kai ist in seinem Element. Der Gegner kann nichts und zieht uns auch noch runter. Und er ist irgendwas zwischen Maradona und Franz Beckenbauer.

»Wie soll überhaupt Spielfluss aufkommen, wenn der Schiri jede Kleinigkeit abpfeift.« Martin lässt nicht locker. Der Schiri ist der Schuldige. Nicht der Restalkohol, nicht unser durchschaubares Aufbauspiel, nicht sein Antritt, der selbst eine Wanderdüne wie Usain Bolt aussehen lässt. »Außer die beiden Abseitstore von denen. Da hat er wohl gerade seine Pfeife poliert.«

»Ich glaube, das erste war kein Abseits.« Ich zucke zusammen. Ist Riu lebensmüde? Nein, aber er ist herzensgut. Kein van Bommel, eher Bimmelbammel. Kein Tiger, eher Hauskatze. Nicht selten kutschiert er nach Mannschaftsabenden die komplette Truppe nach Hause. Und wenn ihm schon keiner in den Wagen kotzt, dann findet er garantiert drei Wochen später die Gurken eines Cheeseburgers zwischen den Rücksitzen. Ein Gag, der noch nie lustig war.

»Natürlich war das Abseits!«, grummelt es aus allen Ecken.

»Nee, sorry. Ich stand am langen Pfosten. Sorry.«

»Lass das, Riu. Entschuldige dich nicht auch noch nach dem Spiel in der Kabine«, das will ich sagen. Aber ich starre weiter auf die Fugen und hoffe, dass das alles bald vorbei ist.

»Und jetzt stehen die da nebenan, feiern sich ab und duschen uns auch noch das warme Wasser weg. Ich kotze.« Schnecki schmeißt seinen Schienbeinschoner an die Wand und stampft auf den Boden wie ein trotziges Kind, dem gerade jemand das letzte Snickers weggefuttert hat.

Da merkt man, dass der Mann im neunten Semester VWL studiert. Er hat den Blick fürs große Ganze. Oder einfach keinen Bock, als marodierender Mob mit Mistforken und Fackeln in Richtung Schiedsrichterkabine zu rennen. Also greift er eine Bierknolle aus der Kiste, schlägt den Kronkorken mithilfe der Fensterbank vom Glashals und stürzt die Gerstenkaltschorle in einem Schluck runter. Mund abputzen. »Noch wer 'ne Granate?«, fragt er und rülpst. Manchmal bedarf es keiner Antwort.

»Dann geh ich jetzt schnell duschen, ich muss zur Taufe von meinem Neffen.« Ein Klassiker von Flasher. So viele Neffen, wie der hat, haben andere nicht mal Unterhosen. Ich kenne Nick Flatostilakis, Spitzname Flasher, seit der vierten Klasse. Aber nicht mal mir hat er erzählt, warum er immer als Erstes vom Spiel und vom Training abhaut. So bildet sich jeder seine Meinung über den Kabinenfunk. Vater im Knast, Mutter ein Flittchen, Bruder verschiebt Autos. Wenn nur die Hälfte davon der Wahrheit entspricht, ist es ein Wunder, dass aus Flasher so ein korrekter Kerl geworden ist.

Die Diskussion ist vorbei. In unserer Kabine wird nicht relativiert, eingelenkt oder gar logisch gedacht. Schon gar nicht nach schmerzhaften Pleiten. Wer hier mit Argumenten kommt, kann gleich zum Voltigieren gehen. Es muss ein Schuldiger her. Womit wir bei der Mutter aller Kabinenregeln wären: Bei uns ist alles überragend! Alle anderen spielen schlecht und/oder unfair. Und der Schiri ist immer gegen uns. So ist es doch nun mal. Oder?

Egal, in der Kabine lässt man die Dinge einfach laufen und stellt keine Fragen. Man glaubt alles, was man selbst verzapft. Spült den Frust über den eigenen Verfall mit einem Schluck Bier runter. Und zehn Minuten später kann man auch schon wieder über das Luftloch aus der 41. Minute lachen. Erst heimlich, dann lauthals. Weil es so viel Spaß macht. Einmal die Woche, einmal im Monat, die ganze Saison über, die ja irgendwie unser Leben ist.

»Hab ich es doch gesagt. Alles arschkalt!« Schnecki kommt aus der Dusche. Er quetscht sich in die schlecht sitzende Jeans, streift den Pullunder über und pfeift so die dritte Halbzeit an. Ab in die Dusche.

1:5 verloren. Noch zwei Spieltage. Vielleicht steigen wir diesmal ab. Und doch bleiben wir für immer drin. In unserer Kabine.

1

Die wichtigsten Fragen nach der Mannschaftsbesprechung

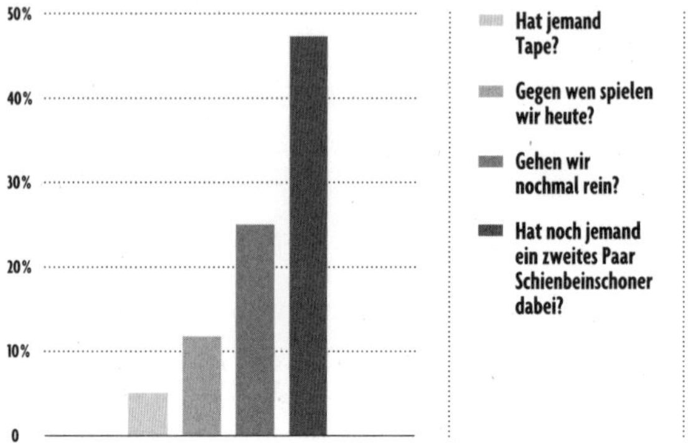

Wer hat das Foul begangen?

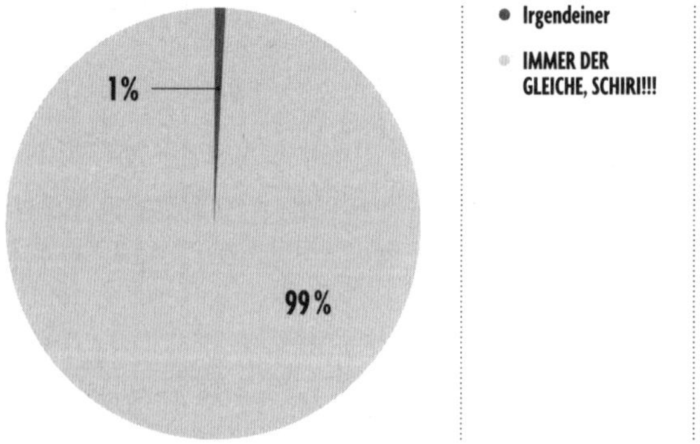

2.

Der Star ist die Mannschaft

Sonntag, 16:04 Uhr: Wenn die Lichter scheinbar ausgehen im Klub, glüht wenigstens im Vereinsheim noch der Zapfhahn. Einen Kurzen und ein Langes, so flankt der gemeine Kiebitz sich heute nach dem fußballerischen Elend ins Glück. Der Lokalreporter drückt seine Zigarette aus und gibt die letzten Zitate an seine Redaktion durch. Neben ihm schiebt sich Flasher hastig zum Tresen durch.

»Eine Spezi bitte!«

»Flasher! Da will sich aber einer so richtig den Frust runterspülen«, sagt Archie und schiebt nach: »Mit oder ohne Kohlensäure?«

Unterhaltungen mit dem Wirt unserer Vereinskneipe sind wie Tischtennis – man sollte immer einen Konterschlag parat haben.

»Einer muss ja nüchtern bleiben in dem Puff hier«, sage ich also, und Archie hebt den Kopf, zieht anerkennend seine linke Augenbraue hoch.

»Nicht schlecht, Flasher. Aus dem kleinen Hosenscheißer wird noch ein richtiger Mann.« Archie und seine Frau Gitte: Das sind für viele die einzigen echten Konstanten in diesem Verein. Und im Grunde habe ich in den vergangenen fünfzehn Jahren selten mehr als zehn Sätze am Stück mit ihnen geredet. Und der erste davon war meistens: »Eine Spezi bitte!«

»Apropos nüchtern, Gitte hat deinen Alten nach Hause gebracht. Der war drüber!« Archie stellt mein Glas auf den Tresen und nickt mir zu.

»Danke«, sage ich. Nach jedem Heimspiel hetze ich ins Vereinsheim, um meinen Vater vom Tresen zu kratzen. Weil er einfach kein Limit kennt. Das ist so peinlich. Ich versuche alles, damit die Mannschaft meinen alten Herrn nicht im Vollrausch erlebt. Ich weiß, dass Archie und Gitte das auch irgendwie für mich machen. Ich verstehe nicht mal, warum.

Einmal habe ich Archie auf dem Schützenfest getroffen. Es war schon ziemlich spät, und ich bin zusammengezuckt, als er mir plötzlich entgegenkam und mich gut gelaunt grüßte. Ich habe mich ewig gefragt, warum ich mich dabei so erschrocken hatte. Und dann fiel es mir ein: weil er plötzlich Beine hatte. Ich kannte ihn bis dahin nur vom Oberkörper aufwärts. Er könnte ohne Hose hinterm Tresen stehen, und keiner würde es merken. Wahrscheinlich macht er das manchmal. Nur zum Spaß. Zutrauen würde ich es ihm, denn er hat leicht einen an der Klatsche. Natürlich. Das muss er auch als Kneipenwirt im Vereinsheim.

»Schon gut, Junge. Auf uns kannst du dich verlassen«, sagt Archie und zapft die Pilstulpen voll. Die Tür geht auf, und die Mannschaft kommt rein. Wieder mal geschafft.

»Hakhakhakhakhak«, am anderen Ende des Raums donnert sofort das verbale Maschinengewehr los. So nennen wir Döllis Dauerfeuerlache. Er lehnt an der Wand, Kippe im Mundwinkel, Pils in der Hand. So ballert er seine Lachsalven raus. Vor ihm bildet die halbe Mannschaft einen Halbkreis. Ein sicheres Zeichen dafür, dass Dölli lautstark von seinen erotischen Abenteuern der vergangenen Woche prahlt. »Und dann habe ich erst mal schön das Massageöl rausgeholt. Bin ja ein Gentleman, ganz alte Schule«, höre ich ihn döllern. Zu laut zum Weghören, zu leise, um jedes Wort zu verstehen. Und dann »Hakhakhakhakhak«.

Wenn man es so döllern hört, könnte man meinen, der Typ habe Tinder durchgespielt. Es ist jedes Mal ein absurdes Theater. Alle lachen, stacheln ihn weiter an. »Ach komm, Dölli. Massage oder was? Du weißt doch nicht mal, wie man einen BH aufmacht, du Proll«, gibt Schnecki Kontra. Weil er genau weiß, dass es dann noch besser wird. Dass Dölli dann immer noch einen drauflegt.

»Ja, sicher. Weißt du noch, die Blonde aus dem ›Roxy‹? Hammerperle. Ines hieß die. Oder Maike. Da brauchte ich keinen BH aufmachen, Schnecki. Die hatte nicht mal einen an. Die weiß, was der Döllberger mag Hakhakhakhakhak.« Und so weiter. Alle beißen sich auf die Lippen, weil sie wissen, was für ein mieser Schauspieler er ist. Und natürlich fragt auch heute niemand: »Wie kannst du an einem Abend zwei Frauen daten, wenn du parallel die ganze Zeit online FIFA zockst?« Weil es egal ist. Weil er dafür wahrscheinlich auch eine Theorie parat hätte, die nur er glaubt und doch alle akzeptieren. Und weil lachen hilft.

Ich sehe Günter, den Präsidenten, wie er am Tresen wütend seine Schachtel Camel knetet. Archie stellt ihm noch ein

Weizen vor die Nase: »Kopf hoch, Präsi! Die Jungs werden das schon machen.« Günter starrt ein Loch in den Tresen. Dem Kerl geht das hier echt an die Nieren. Wie er da so steht in seinem ausgebeulten Designeranzug und das Häufchen Elend mimt, kann er einem schon fast leidtun.

»Geht aufs Haus, Präsi«, legt Archie nach.

»Quatsch, Archie. Mach fünf, stimmt so.« Hier bestimmt immer noch der Präsident, wer was bezahlt. Kohle hat Günter definitiv genug. Herzblut auch. Jetzt guckt er hoch, genau in meine Augen.

»Komm mal her, Flasher«, ruft er und winkt mich ran. Verdammt. Arschkarte. Jetzt gibt es einen Einlauf. Ich tue so, als hätte ich ihn nicht gehört, und suche Blickkontakt zu Chris. Der steht neben Riu am anderen Ende der Bar und kann sich ein Grinsen nicht verkneifen.

»He, Flasher. Komm mal her«, Günter wird lauter und fuchtelt wild in der Luft herum. Keine Chance. Ich gehe ein paar Schritte auf ihn zu und lehne mich an den Tresen.

»Hey, Günter, sorry für den Auftritt heute …«

»Geschenkt, Junge«, sagt Günter und drückt mir ein paar Scheine in die Hand.

»Auf einen wie dich kann man sich wenigstens verlassen. Ich weiß, dass Uwe dir gerade nicht allzu sehr vertraut. Aber du sollst wissen, dass ich als Verein hinter dir stehe.«

Was wird das denn jetzt? Klar, Günter ist der Hüter über unsere Aufwandsentschädigung, die er uns am Ende jedes Monats mit einem aufmunternden Schulterklopfen in die Trainingstasche steckt. 150 Euro, fein säuberlich in einen Umschlag mit unseren Namen verpackt und als »Benzingeld« definiert. Aber warum drückt der mir jetzt Cash in die Hand?

»Hör zu, Junge. Nächste Woche nimmst du dir mal bitte nix vor. Da habe ich einen Job für dich. Such bitte sechs bis acht Mann zusammen, am besten Studentenfreunde, und dann taucht ihr am Montagmorgen pünktlich um halb acht bei mir in der Firma auf.« Günter legt mir die Hand auf die Schulter.

»Okay, kann ich machen. Was gibt es denn die Stunde?«, frage ich verdutzt.

»Einen feuchten Händedruck, mein Freund. Jetzt ist es mal an der Zeit, dass ihr mir was zurückgebt. Nächste Woche hat sich die Steuerprüfung bei mir in der Firma angekündigt. Und was meinst du wohl, wo ich euer Benzingeld hernehme.« Günter kneift mir etwas zu heftig in die Schulter.

Ehrlich gesagt habe ich noch nie darüber nachgedacht, wo die Kohle herkommt. Und ehrlich gesagt habe ich es jetzt noch nicht verstanden. Aber offenbar hat Günter ein paar Probleme, und er bittet mich als Mannschaft um Hilfe.

»Okay, ich kann mal rumfragen. Ein paar werde ich schon zusammenkriegen«, sage ich. Günters Griff lockert sich etwas, in seinem Mundwinkel klebt seine Zigarette, die mittlerweile mehr Asche als Tabak ist.

»Gut so, Junge.« Die Asche rieselt auf den Boden. »Hör zu, ihr müsst mir helfen. Die Verbrecher von der Steuer wollen sehen, ob ihr wirklich alle bei mir angestellt seid. Also zeige ich denen, dass ihr wirklich alle bei mir angestellt seid.«

Ich könnte jetzt fragen, ob das nicht strafbar ist, aber das mache ich besser nicht. Jeder hat schon mal einen von Günters gefürchteten Wutanfällen über sich ergehen lassen – und das brauche ich heute echt nicht.

»Also, morgen früh halb acht bei mir auf dem Hof. Nimm das quasi als Prämie für die Mitarbeitervermittlung«, sagt

Günter und drückt mir noch mal 50 Euro in die Hand. Hat er gerade gezwinkert?

Günter nimmt einen großen Schluck und wischt sich den Schaum mit dem Handrücken ab. Er greift in seine Zigarettenschachtel, lässt das Feuerzeug aufschnappen und atmet tief ein. »Guter Junge. Dann dampf mal ab.«

Bevor er mir seinen Rauch ins Gesicht pustet, drehe ich mich schnell weg. Was war das denn? Gerade als ich weggehen will, packt mich schon wieder seine Hand an der Schulter: »Und Junge, nächste Woche Startelf. Ich kümmere mich drum.«

»Äh, okay. Danke, Günter. Aber das soll Uwe besser entscheiden. Er ist ja der Trainer.«

»Das lass mal meine Sorge sein«, sagt Günter und gibt mir einen kleinen Schubser. Nichts wie weg.

»Hey, noch mal sorry für den Fehlpass vor dem 0:2!« Riu, den alle hinter seinem Rücken »Mr Sorry« nennen, steht plötzlich neben mir. High Five. Kein Ding. Anstoßen.

Außerhalb des Spiels ist er eine Seele von Mensch, aber auf dem Rasen der mit Abstand nervigste Mitspieler. Weil er (»Sorry!«) sich (»Tut mir leid!«) nach jedem (»Kommt nicht wieder vor!«) Fehlpass (»Oh, ich bin so doof!«) erst einmal (»Der geht auf mich!«) minutenlang bei allen Anwesenden (»Entschuldigung!«) entschuldigt. Dadurch bringt er nicht nur einen Großteil (»Ich bin so blöd!«) der Mannschaft dazu, ihm gut zuzureden und nicht auf das Spiel zu achten, sondern ist im weiteren Verlauf des Spiels irgendwann (»Ich kann es einfach nicht!«) dermaßen (»Ich sollte lieber Tennis spielen!«) von (»Alles meine Schuld!«) Selbstzweifeln (»Das war mein letztes Spiel!«) zerfressen, dass man ihn (»Die Niederlage nehme ich auf meine Kappe!«) am liebsten einweisen würde. Und die wenigen Entschuldigungen, die er nicht schon während des Spiels über den Platz getragen hat, werden nach dem Duschen im Klubheim vorgetragen. Das führt nicht selten dazu, dass ihm nach dem Spiel erst mal alle aus dem Weg gehen, weil jeder die Niederlage in Ruhe für sich abhaken muss. Also steht er beim ersten Bier oft alleine in der Vereinskneipe, was ihn natürlich noch mehr verunsichert und beim nächsten Training dazu führt, dass er sich sogar für falsches Warmlaufen entschuldigt.

»Wie konnten wir nur gegen so eine Trümmertruppe verlieren?«, fragt Riu und zuckt mit den Schultern. »Aber wie gesagt, in der ersten Halbzeit habe ich auch Mist zusammengespielt. Das eine Ding auf links muss ich natürlich auf Dölli durchstecken, und dann drehe ich mich in den Gegner. Ich bin echt so dämlich …«

»Sorry, ich war gerade mit dem Kopf woanders. Alles ein bisschen viel gerade«, sage ich.

»Kein Ding, Mann. Ich habe dich ja mit meiner Fragerei auch echt überfallen. Tut mir leid. Scheißspiel heute, was? Frage mich sowieso, warum Uwe dich nie spielen lässt. Was findet der nur an Ole?«

Ole ist mein persönlicher Erzfeind im Team. Wenn er den Ball hat, können alle anderen die Wochenendeinkäufe erledigen. Er trennt sich so gerne vom Spielgerät wie ein Jagdhund von einem angeschossenen Kaninchen. Und weil wir auf der gleichen Position im Mittelfeld spielen, macht der Typ mich einfach wahnsinnig.

»Ich glaube, der denkt wirklich, er sei so etwas wie der Star der Mannschaft.« Riu spricht mir aus der Seele. Aber ich habe ihn noch nie so scharf Kritik üben gehört.

»Ist halt ein bockstarker Spieler, aber wenn ich den beim

Training sehe, mit seinem blütenweißen Real-Madrid-Outfit, dann kommt mir echt die Galle hoch. Was für ein Poser.« Es quillt förmlich aus mir raus. Das ist Balsam für meine Seele.

Riu grinst: »Sein Ego bricht nur ein, wenn es ein Gegenspieler wagt, sich ihm auf einen Meter zu nähern. Im Training ist jede Annäherung an den Maestro ein Freistoß. Wenn nicht, lamentiert er doch minutenlang herum, bis wir ihm alle recht geben, damit es endlich weitergeht. Ein eitler Gockel.«

»Was willst du erwarten, Riu. Papa Rechtsanwalt, Mama Schmuckdesignerin. Als wir beide noch in die Hose gekackt haben, hat der Typ schon Tennisstunden bekommen. Der denkt, Mannschaftssport sei, wenn er seine Übersteiger, Rabonas und Okocha-Tricks ausprobiert und die Mitspieler seine Ballverluste ausbügeln.« Ich merke, wie ich in Wallung gerate.

»Uwe hat ihn letzte Woche im Training ›Kreisliga-Zidane‹ genannt. Da warst du, glaube ich, nicht da.« Riu sieht mir ins Gesicht.

»Ernsthaft? Spinnt der? Wenn Ole Zidane ist, dann bin ich Ronaldinho und Messi zusammen. Da kann ich mir ja gleich einen neuen Verein suchen, wenn Uwe meterweit in Oles Arsch kriecht«, sage ich etwas zu laut. In meiner Hosentasche balle ich die Hand zur Faust. Ole schiebt am anderen Ende des Raums gerade seine Frisur zurecht. Statt Undercut könnte ich dem jetzt einen Uppercut verpassen. Diesem Penner.

»Mann, Flasher, komm mal runter. Das war ein Scherz. Sorry dafür. Uwe hat Ole nie ›Zidane‹ genannt. Und wenn er ihn nach dem heutigen Auftritt nächste Woche wieder aufstellt, werden Martin und Kai schon eine klare Ansage machen. Du wirst spielen, Alter. Da gibt es keine zwei Meinungen.«

»Meinst du?«, frage ich und merke, wie der Puls langsam runtergeht und die Nervosität in mir aufsteigt. Ich soll also die Kohlen aus dem Feuer holen. Ich darf endlich auf der Zehn ran. Zwei Spieltage vor Schluss. Crunchtime, Baby. Jetzt habe ich Bock auf ein Pils. »Danke, Riu. Das habe ich gerade echt gebraucht. Willst du noch was trinken?« Aber Riu ist schon weg und zieht sich die Dölli-Show rein.

»Hakhakhakhakhak«, knattert es immer noch aus der Ecke. Gerade simuliert er offenbar an einem hilflosen Barhocker vor versammelter Mannschaft, wie man eine Frau richtig von hinten begattet. »Guck mal, Günter. Das könnte auch deine Tina sein«, ruft er quer durch den Raum. Aber der Präsident hat ihn zum Glück nicht gehört. Tina ist seine Tochter.

»Mal ehrlich, Döllberger gehört doch in die Klapse«, sagt Harry und schüttelt den Kopf. Dass Dölli einen an der Waffel hat, sieht jeder. Aber für mich ist Harry auch nicht ganz dicht. Über ihn hält sich hartnäckig das Gerücht, dass er zweimal die Woche nachts Steigerungsläufe im Wald macht, weil irgendein Guru auf einer Fitnessmesse Wunderdinge über diese Art des Trainings versprochen hat. Natürlich misst er seine Leistungswerte während des Spiels mit einer Pulsuhr und GPS-Sender im Schuh. Und wenn wir uns in der Sommerpause geschlossen auf Mallorca druckbetanken, trainiert er für den New-York-Marathon, den er schon sechsmal beendet hat. Jeweils in persönlicher Bestzeit. Wenn Harry nur halb so gut Fußball spielen könnte, wie er ausdauernd laufen kann, würde er in der Oberliga spielen. Leider hat er einen Erzfeind auf dem Feld: den Ball. Schlecht für einen Außenverteidiger. Wahrscheinlich hat die Kugel dafür aber wiederum weniger Kondition als Harry.

»Jungs, die nächste Runde geht auf mich«, brüllt Archie durch den Raum. Applaus brandet auf. »Wenn ihr schon nicht gewinnen könnt, sollt ihr euch euer grausames Gekicke wenigstens schöntrinken«, legt der Wirt nach. Plötzlich Stille im Raum. Das war wohl einer zu viel.

»Was guckt ihr denn alle so? Glaubt ihr, mir macht das Spaß? Mal ehrlich! Ich steh hier seit dreißig Jahren hinterm Tresen. Ich habe einige Mannschaften kommen und gehen sehen, das könnt ihr mir glauben. Aber so eine Truppe wie euch gab es noch nicht.« Archie hat eine knallrote Rübe. »Ihr seid talentierter als viele, die hier in den letzten Jahren aufgelaufen sind. Aber ihr habt kein Herz. Isso!«

»Jetzt ist aber mal gut, Archie«, will Günter eingreifen.

»Nee, lass mal. Das mein ich schon so. Und das lasse ich mir auch nicht verbieten. Hier gibt es mindestens zwanzig Leute im Raum, die sich für den Verein den Arsch aufreißen – und denen drückt niemand Benzingeld in die Hand. Günter, Hotte, Gitte. Meint ihr, dass wir alle nichts Besseres zu tun haben, als euch das Bier zu zapfen und den Rasen zu mähen? Das müsste doch selbst beim Döllberger langsam mal ankommen, dass der Verein über Jahre was Großes auf die Beine gestellt hat. Nur aus dem Ehrenamt heraus.«

»Hab ich da gerade meinen Namen gehört?« Dölli kommt vom Klo und zieht sich stilecht den Hosenstall zu.

»Was ich sagen will: Jungs, hier gibt es eine Menge Leute, die noch an euch glauben. Die zu jedem Spiel kommen, obwohl das manchmal nur noch ganz wenig mit Fußball zu tun hat.«

»Ach, die spielen Fußball. Ich dachte schon …« Irgendein Alte-Herren-Spieler hat auch noch einen parat.

»Nee, lass gut sein: Jungs, wir glauben an euch. Holland

ist in Not, aber noch lange nicht verloren. Das Spiel heute müsst ihr abhaken, Pils drüber, fertig. Und nächste Woche werden Punkte eingefahren. Ihr könnt das. Das lasst euch mal von einem alten Kneipenwirt gesagt sein. Ihr müsst nur daran glauben. So, und nun Prost.« Archie stellt das Pils auf den Tisch und geht zurück an den Zapfhahn.

Der Alte-Herren-Spieler steht vom Tresen auf und setzt zum Gebrüll an: »Auf unseren Kneipenwirt und Philosophen Archie ein dreifaches ›Na dann …‹.« Der ganze Raum schreit: »Prost. Prost. PROST!«

So langsam füllt sich der Mannschaftstisch in der hinteren Ecke der Vereinskneipe. Dass ich das von hier aus erkenne, ist ein kleines Wunder. Denn meist kann man die Jungs durch den ganzen Zigarettenqualm nicht mal mehr sehen. Archie mag ein noch so feiner Wirt sein, mit der Hygiene hat er es nicht so. Ich würde grob schätzen, dass hier zuletzt 1976 durchgelüftet wurde. Und neulich, als ich mich gegen ein altes Mannschaftsbild gelehnt habe, hat sich der Rahmen etwas verschoben. Wer hätte es gedacht: Die Raufasertapete hier ist gar nicht senfgelb, sondern war irgendwann mal weiß. Aber wer will schon meckern, wenn die ganze Mannschaft Gittes legendäre Frikadellen bekommt?

Chris winkt. Er hat mir einen Platz freigehalten. Wie immer. Chris und ich hängen seit der Grundschule miteinander rum. Und wenn wir richtig einen sitzen haben, kann es schon mal passieren, dass wir unseren Sorgen Luft machen. Einmal habe ich ihm auch von meinem Alten und dem ganzen Scheiß erzählt, aber er ist, glaube ich, mitten im Gespräch eingepennt. Zumindest habe ich ihn irgendwann nur noch schnarchen hören. Seitdem haben wir nie wieder darüber gesprochen.

»Flash, setz dich. Sonst …« Er nickt rüber zu Uwe und verzieht das Gesicht. Sonst muss ich mir eine Spielanalyse auf Effenberg-Niveau anhören. Phrasenballett vom Feinsten.
»Ich dachte, du müsstest zu einer Taufe?«, sagt Chris.

»Hab mich vertan, ist nächste Woche.« Alter, was für eine beschissene Ausrede.

»Ach so«, sagt Chris. Dafür muss man ihn lieben. Er weiß, wann er nicht weiter nachhaken darf.

»Starke Ansage von Archie. Habe ich nicht unbedingt erwartet«, sagt Chris.

»Archie ist ein feiner Kerl«, murmel ich vor mich hin.

Es ist seltsam, dass ich Chris und die anderen öfter sehe als meine Mutter. Und dennoch kenne ich von jedem höchstens die Angebergeschichten. Ob Riu Stress in der Arbeit hat? Keine Ahnung. Dass Kais Frau mal was mit Harry hatte? Weiß ich von Chris. Vielleicht liegt es daran, dass ich nach den Spielen und dem Training meist nicht lange dabei sein kann. Vielleicht ist es aber doch immer das Gleiche. Erst wird gefachsimpelt, dann wird Quatsch erzählt, lauthals geprahlt, bis die großen Geschichten von damals bis zur Unkenntlichkeit aufgeplustert werden.

»Ey, weißte noch?«

»Nee, das war ganz anders.«

»Nee, das weiß ich ganz genau.«

»Komm, hör auf.«

Dazu Bier, Kippen, irgendwann schleichen sich Schnecki und Riu vor die Tür, um einen durchzuziehen.

»Die rauchen wieder ihr Marokkanerzeug«, sagt Dölli dann etwas zu laut, weil er nicht verstehen kann, dass man überhaupt Drogen konsumiert. Dass er selbst sechs Bier intus hat? Nebensache.

Die Mannschaft sitzt zusammen und redet, ohne was zu sagen. Jeder spielt bestmöglich die Rolle, die er sich im Laufe der Jahre erarbeitet hat. Das wirklich Seltsame ist aber, dass es niemandem aufzufallen scheint, dass wir immer an der Oberfläche schwimmen. Vielleicht ist es auch das Geheimnis unserer Mannschaft. Dieses stille Abkommen, sich gegenseitig nicht mit Privatkram zu belasten, sondern den Fußball über alles zu stellen. Oder traut sich am Ende doch keiner, mal ein normales Thema anzusprechen, weil er weiß, dass er dann von Dölli oder Hünemann einen Spruch kassiert? Ich bin bestimmt nicht der Erste, der damit anfängt. Schon gar nicht heute, wo wir ohnehin kurz vor dem Untergang stehen.

»Dölli ist wenigstens neben dem Platz wieder in Bestform, wa?« Kapitän Martin haut mir von hinten auf die Schulter und zeigt rüber zu Dölli. Der demonstriert dem armen Kerl aus der A-Jugend offenbar gerade, wie man zwei Frauen gleichzeitig befriedigt. Dazu knattert das Maschinengewehr. »Wenn er nur im Spiel so kreativ wäre.« Martin blickt ins Leere. »Verstehe ohnehin nicht, wie der nach so einem Spiel wie heute Witze reißen kann. Den Schalter hätte ich auch gern in der Rübe«, sagt er und grübelt eine Weile stumm vor sich hin. Schließlich schlägt er mit dem Ehering gegen sein Bierglas. Blitzartig verstummt das allgemeine Gemurmel, und Martin erhebt sich: »Männer, das war große Scheiße heute. Wir trainieren Woche für Woche die gleichen Sachen. Einfache Bälle, Sicherheit gewinnen, keine dummen Standards vor dem Strafraum. Und was passiert?« Er macht eine Pause, die niemand braucht, denn jeder kennt die Antwort. »Wir kloppen den Ball ohne Sinn und Verstand nach vorne, kassieren zwei Tore nach Freistößen und versuchen vorne, in Schönheit zu sterben.« Betretene Mienen am Tisch.

»Aber die hatten drei Mann aus ihrer Ersten dabei«, sagt Riu. »Dürfen die das überhaupt so kurz vor Saisonschluss?«

»Ganz ehrlich, Riu. Scheiß drauf. Und wenn die hier mit Ronaldo und Messi aufgelaufen wären, müssten wir doch wenigstens versuchen, das zu spielen, was wir können, was wir jede Woche üben. Hinten sicher stehen, vorne Nadelstiche setzen. All das, was Uwe uns seit Wochen eintrichtert. Oder, Uwe?« Martin blickt auf den Trainer, der sich nun langsam erhebt.

»Alles richtig, Martin. Wir müssen uns auf das gemeinsame Ziel fokussieren. Zwei Spiele, sechs Punkte – und wir bleiben drin. Da bin ich mir sicher.« Ich blicke kurz in die Runde und sehe, dass alle gebannt zu Uwe blicken, der sich so richtig in Rage redet: »Die Ansätze sind da. Klar, die fluide Doppelsechs kann mehr im Raum verschieben. Im letzten Spieldrittel müssen wir zielführender sein. Geil auf das Tor sein. Die Tiefe suchen. Breite herstellen. Das haben wir alles drin, wir müssen das nur abrufen, Männer.«

Zaghaftes Klopfen auf den Tisch. Klingt wenig überzeugt.

»Ich denke, dass wir alle wissen, was auf dem Spiel steht. Ich will nächstes Jahr nicht in der Kreisklasse spielen und plötzlich der Gejagte sein. Ich will jagen. Mit euch zusammen Punkte jagen, Tore jagen, Gegner jagen. Das ist unser Spiel, Männer. Oder nicht?« Das Klopfen wird schon energischer.

»Starke Ansage, was?« Martins Augen glänzen. Er ist der Spielertyp, den Trainer lieben – und Mitspieler meiden. Weil er nicht verstanden hat, dass Fußball das Beste und Sinnloseste ist, was unserem Leben passieren konnte. Oder vielleicht, weil er es als Einziger verstanden hat.

»Und deswegen werden wir für die kommenden beiden Spiele etwas ändern.« Uwe wird immer lauter. »In Absprache mit dem Mannschaftsrat stellen wir ab sofort das gemeinsame Ziel über die persönlichen Befindlichkeiten. Es wird Überraschungen in der Aufstellung geben, wir appellieren an die Eigenverantwortung jedes Einzelnen. Hast du das verstanden, Dölli?«, sagt Uwe, und alle starren auf Dölli, der hastig sein Handy unter dem Tisch verschwinden lässt.

»Sicher, Coach, überrasch mich«, sagt Dölli, und jeder weiß, dass er nicht zugehört hat.

»Genau das meine ich. Jeder muss jetzt mal aus dem Arsch kommen, sonst spielen wir nächstes Jahr gegen die Dritte vom TUS. Die lachen uns doch jetzt schon aus. Wollen wir das?«

»Nein«, sagen einige.

»Wie bitte: Wollen wir das?« Uwe steht schon der Schweiß auf der Stirn. Oder ist das Testosteron? »Willst du das, Flasher?«, wird Uwe immer lauter.

»Nein«, sage ich.

»Willst du das, Martin?«

»Nein«, brüllt der Kapitän und schießt kerzengerade in die Luft, als wäre er wieder auf dem Appellplatz bei der Bundeswehr.

»Na also. Wir wollen nicht in die Kreisklasse. Wir steigen nicht ab. Und wir ordnen deswegen die nächsten zwei Wochen alles dem Ziel ›Klassenerhalt‹ unter. Freundin, Freizeit, Fritten, jeder muss sich ab jetzt bei allem, was er tut, die Frage stellen: Hilft das meiner Mannschaft weiter?« Uwes Augen sind beängstigend weit aufgerissen, in seinen Mundwinkeln sammelt sich Sprechkäse. »Und wenn wir das alle beherzigen und ihr mir vertraut, dann schaffen wir das. Und dann treffen wir uns in zwei Wochen wieder hier und lassen uns mal so richtig volllaufen. Wollen wir das?« Eine rhetorische Frage.

»Jemand Lust auf Frikadellen?« Spitzentiming von Gitte, die gerade mit einem Riesenteller feinster Hackepetergranaten an den Tisch tritt. Ihre Stimme ist das Ergebnis von dreißig Jahren Marlboro und Mettbrötchen. Reste von rohem Fleisch und Fettspritzer bilden ein seltsam stimmiges Muster auf der Brust unserer Tresenmutti. Der Schweiß steht ihr auf der Stirn, in ihrer Achsel klemmt eine Tube Senf. »Lasst es euch schmecken, Jungs«, sagt sie.

Dann stimmt Dölli seinen Schlachtruf an: »Die erste Mannschaft bedankt sich bei unserer Lieblingsmutti Gitte mit einem vereinsheimerschütternden ›Giiiiitte ist die geilste Sau der Welt, Gitte ist die geilste Sau der Welt …‹.« Die ganze Mannschaft stimmt ein. Fäuste prasseln auf den Tisch. Uwe wischt sich den Schweiß von der Stirn. Er lächelt. Martin hat Tränen in den Augen. Dölli zückt das Handy und filmt in die Runde.

Wir sind Männer. Wir sind Kinder. Wir sind eine Mannschaft.

3.

Gottes grüne Wiese

Dienstag, 16:31 Uhr: Auf der Sportanlage geht ein weiterer Frühsommertag zu Ende. Platzwart Hotte bemüht sich, den arg ramponierten Rasen pünktlich zum Training wieder halbwegs bespielbar zu machen. Amseln tschilpen. Die Walze quietscht, der Dünger fliegt. Hier zählt jetzt jedes Detail. Volle Konzentration. Kurz schweift der fachmännische Blick des Platzwarts nach oben.

Wat macht der Junge da hinten? Raucht der oder wat? Auf meinem Rasen? Der Eiernacken soll mal lieber die Fluppen wegstecken und eine Runde laufen. Gebrauchen könnte der das allemal. Ist doch der Grieche, oder? Kein Schlechter, aber mit dem Kopf immer woanders. Kein Wunder, bei dem Alten. Aber an ihm allein liegt das nicht, der ganzen Truppe müsste mal einer gehörig den Marsch blasen, damit die endlich aufwachen. Die steigen sonst ab. Wir steigen sonst ab. Aber wat reg ich mich eigentlich auf? Auf den Platzwart hört hier ja sowieso keiner. Und jetzt muckt auch noch Emma rum und bewegt sich nicht mehr vom Fleck.

60-40-75, das sind die Maße, die mich so richtig glücklich machen, hömma. Sechzig Zentimeter Breite, vierzig Zentimeter Durchmesser, fünfundsiebzig Liter Füllmenge. Meine Emma. Meine Walze. Dabei ist mein Schätzchen so viel mehr als nur eine Walze.

Manchmal jauchzt und quiekt die Gute mir die Ohren voll, wenn ich hier meine Runde drehe. »Ja«, sag ich dann ganz leise, »ich versteh dich ja. Nachher gibt et ein bisschen Öl in die Ritzen, und dann ist Feierabend für heute.« Aber dann gibt es kein Öl, weil das Öl leer ist. Weil der Platzwart das kleinste Licht im Verein ist. Und die Anlage sich offenbar von alleine in Schuss halten soll. Für alles haben die Geld, nur nicht für ordentliches Material. Das man mich für verrückt hält? Geschenkt. Die sehen doch eh alle immer nur zu, dass sie möglichst schnell vom Platz runterkommen, wenn das Training vorbei ist. Von Rasenpflege haben die allesamt so viel Ahnung wie ich vom Tangotanzen. Punkt.

Und ich sag immer: Je älter das Gelände, desto mehr Stress haste mit den Sträuchern und Bäumen. Mit dem ganzen Drumherum. Und unser Gelände ist alt wie ein Dinosaurier. Wir sind schließlich ein Traditionsklub in der Kreisliga. Aber die Kerle sehen mich immer nur als Kotzbrocken, der die Strafräume absperrt oder gleich den ganzen Platz dicht macht. Dabei macht mir das auch keinen Spaß. Gut, ein bisschen schon. Aber bevor die mir die Grasnarbe kaputt stehen mit ihrem Showorchester Ungelenk, sollen die erst mal auf dem Ascheplatz ein paar Bahnen zum Warmmachen ziehen. Das hat früher auch keinem wehgetan. Da war das normal, dass mal ein paar Steinchen in die Haut eingewachsen sind, wenn dich einer beim Kreisspiel umgewichst hat. Heute kommt gleich der Notarzt mit Blaulicht angerauscht, wenn sich einer den Finger verstaucht. Weicheier. Widerstände kennen die gar nicht. Job weg? Studier ich halt. Frau weg? Such ich mir eine im Internet. Ball weg? Hotte, gib mal einen neuen. Wat könnte ich mich da aufregen.

Ich will nun mal, dass mein Rasen ein bisschen länger mitspielt als die Nassbirnen aus der Ersten. Aber die Bollerköppe meinen, die wären wat ganz Feines, weil der Präsi ihnen persönlich sein Schwarzgeld in die Tasche steckt, wenn sie gewinnen. Die kommen hier jedes Mal angedackelt, als seien sie Real Madrid höchstpersönlich, und kaum rollt der Ball, ist plötzlich nur noch Castrop-Rauxel angesagt. Erst mal ein Lungenbrötchen zur Beruhigung, bevor mir wieder die Pumpe geht.

Wat hier keiner versteht: Platzwart sein, das is nicht nur kurz Rasenmähen in der Abendsonne und dann ein paar Pils im Schuppen verhaften. Von wegen. Das ist das kleine Einmaleins. Der Rest ist oft hohe Psychologie. Mal muss ich einem Sechsjährigen die Ohren lang ziehen, wenn der sich ins Tornetz hängt. Oder dem Kassenwart die Geschichte vom Pferd erzählen, damit der ein bisschen Kleingeld für Dünger rausrückt. Überall muss man da seine Finger im Spiel haben. Und dazu musst du die Leute im Verein kennen, sie lesen und ihnen immer die Richtung vorgeben. Sonst entsteht ein Vakuum und zack, schon entscheidet die Alte Herren, wann der Rasen vertikutiert wird. Die Leute tanzen dir schneller auf der Nase rum, als du »La Paloma« pfeifen kannst.

Jedem Tierchen sein Pläsierchen, hat meine Frau Mama ihr Leben lang gesagt. Recht hatte sie. Aber wenn einer meint, seine Kippe auf meinem Rasen ausdrücken zu müssen, werde ich ungemütlich. Dann klatscht es schon mal, aber sicher keinen Beifall. Wat haben die sich damals aufgeregt, als ich dem Linienrichter leicht einen hinter die Ohren gegeben habe, weil der immer auf der gleichen Stelle getippelt ist wie so ein Dressurpferd vor dem Traualtar.

Bewegen soll der sich, hab ich gesagt, sonst kannst du die Neusaat an der Außenlinie gleich in die Tonne hauen. Kannst du nicht machen, hat der Präsi geantwortet. Das wollen wir doch mal sehen! Schwachkopf!

Klar, ein dickes Fell brauchst du als Platzwart sowieso. Außer mir hat doch keiner eine Ahnung, wann, wie und warum man den Rasen zu mähen hat. Oder wie man die Linien gerade zieht. Deswegen komme ich hier seit fünfundzwanzig Jahren zweimal die Woche nach Feierabend hin und putz den Dreck weg. Danke? Das Wort höre ich nicht oft, das ist mal amtlich.

Würde ich den Kerl da drüben fragen, warum ich hier walze und nicht striegel, der würde mich angucken wie ein Bus. Ich weiß selber, dass die Walze nicht der Weisheit letzter Schluss ist. Aber der Verein spendiert lieber einen neuen Satz Trikots, statt in einen gepflegten Sichelmulcher oder einen Spindelmäher mit Schnitthöhenverstellung zu investieren. »Wozu brauchst du das Ding denn?«, hat Günter mich letztens echt gefragt. »Du hast doch 'ne Walze!«

Auf diesen Moment hab ich gewartet wie ein Löwe auf ein verletztes Gnu. Also habe ich genüsslich meinen Zettel aus dem Blaumann gefingert, meine Lesebrille aufgesetzt – wie Professor Oberschlau. Und dann habe ich laut vorgelesen. Attacke: »Beim Walzen werden die Unebenheiten durch das Gewicht der Walzenrolle seitlich weggedrückt und der Untergrund eben gemacht. Als Folge wird der Boden verdichtet und folglich wasserundurchlässig. Die Feuchtigkeit bleibt oberflächennah im Rasen und lässt den oberen Bodenhorizont des Rasens weich bleiben. Mit der Zeit verkürzen sich die Rasenwurzeln aufgrund der oberflächennahen Verfügbarkeit von Feuchtigkeit. Die Folge: Die Scherfestigkeit der Grasnarbe nimmt ab, und der Platz wird instabil. Ebenso können infolge der Bodenverdichtung durch das Walzen die Rasenpflanzen mit ihren Seitenwurzeln nicht mehr in den Boden gelangen und sich seitlich ausbreiten. Die Pflanze zieht sich auf ihren eigentlichen Standort zurück und bildet dadurch kleine Horste oder Kugeln. Folglich entstehen Kahlstellen in der Grasnarbe, die durch den Spielbetrieb weiter ausgespielt werden. Wenn sich dann auch noch in der Winterpause infolge von Frost-Tau-Wechsel der Rasen an manchen Stellen hebt und an anderen senkt, entstehen Unebenheiten, die letztlich den Ball verspringen lassen.«

Als ich fertig war, habe ich meine Brille von der Nase genommen, den Zettel fein säuberlich gefaltet und zurück in den Blaumann gesteckt. Der Günter hat geguckt wie Doof sein Sohn, hömma. Einfach herrlich war das.

»Vereinfacht«, habe ich dann nachgelegt: »Da kann ich so viel walzen, wie ich will, wenn wir so weitermachen, kannst du den Platz in fünf Jahren höchstens als Kuhwiese verpachten. Aber für den Acker wären sich wohl selbst die Rindviecher zu schade.«

Das Gesicht vom Günter werd ich mit ins Grab nehmen. Der war so verdattert, dem hätte ich noch ein Diamanthalsband für meine Gerda abschwatzen können. Aber wat soll mein Collie mit dem Diamanthalsband, wa?

Komm, wat soll es, ich geh mal zu dem Bengel rüber. Vielleicht braucht der ein solides Vorbild. Einen ganzen Kerl. Einen wie mich.

»Junge, wat stehst du hier rum wie 'ne Palme im Kiefernwald? Training ist doch erst um sechs, oder? Und wat is mit deinem Alten?«, schreie ich quer über den Platz.

»Der ist zu Hause, Hotte«, kommt als Antwort. Ja, sicher ist der zu Hause, denk ich. Da gehört der auch hin.

»Hotte, ich bin viel zu früh. Willst du mir nicht mal deinen Palast zeigen?«

Sag mal, träume ich? Hat der Milchbubi das gerade echt gefragt? Der Letzte, der meinen Schuppen von innen sehen wollte, war der junge Döllberger. Aber auch nur, weil er nach dem Spiel die Tochter vom Günter aufgegabelt hat und mal kurz allein mit ihr diskutieren wollte. Aber Finger weg von der Walze, habe ich dem Döllberger damals gesagt und ihm die Schlüssel in die Hand gedrückt. Der is vielleicht 'ne Marke.

»Sehr gut, Junge, kannst mir helfen. Ich muss wat umstellen in der guten Stube, das schaff ich nich allein«, sag ich zu dem Griechen und winke ihn ran.

Schon an der Tür zeigt sich, wer einer von Format ist. Um das Ding aufzukriegen, brauchst du nämlich mehr als einen Schlüssel. Du brauchst Geduld, Geschick und ein bisschen Glück, dass dir der Schlüssel nicht im Schloss abbricht. »Ganz schön morsch, dein Herrensalon«, sagt der Junge und klopft mit der Faust an den Holzbalken über der Tür.

»Das täuscht, mein Freund. Ist alles in Schuss. Du darfst dich nur nicht vom ersten Eindruck einlullen lassen. Das ist wie bei den Menschen. Das ist wie bei den Fußballern. Wie bei den Jungs, die hier alle zwei Wochen einmarschieren und glauben, dass die besser sind als ihr. Wer von denen kann denn wirklich besser kicken? Die in den blitzblanken, nigelnagelneuen Mahagonitretern, die kaum noch nach echten Töppen aussehen, so viel kosten wie die Zweitfrau vom Günter und in Farben daherkommen, für die man in einer Lackiererei Hausverbot kriegen würde? Oder die richtigen Kicker, die in den schwarzen, zerfetzten Tretern von anno dazumal auflaufen? Die noch wissen, wat eine saubere Grätsche und ein anständiger Doppelpass ist? Am Ende zählt auf dem Platz nicht die Optik, sondern das Herz. Und das geht euch momentan allen ab, weil ihr mit den Köpfen woanders seid. In der Disco, im Bett, in Diana.« Da muss ich laut loslachen. Der war echt gut. »Wie heißt du noch mal, Junge?«

»Flasher!«

»Wat, Escher? Gut, hör zu, Escher. Bevor wir da reingehen, gibt es zwei einfache Regeln. Erstens: Hier wird nix angefasst, wat nicht von mir zum Anfassen freigegeben wurde. Da bin ich pingeliger als eine Nonne. Zweitens: Ich bin Hotte! Flosse drauf.« Ich strecke ihm meine Hand entgegen, der Händedruck von dem Jungen fühlt sich an wie ein nasser Waschlappen. Der muss mal ein Schnitzel essen. Nun gut, auf die Tür.

Vorne muss man immer über die leeren Eimer steigen. Darin misch ich die Linienfarbe an. Immer schön mit Kalk aus dem Baumarkt strecken, dann haben wir alle mehr davon, sag ich immer. Und natürlich bleiben die Augen von dem Halbstarken an meinem Spind hängen. Besser gesagt an dem Poster von meinem Schätzchen, das da seit Jahren an der Tür hängt: »Hömma, die Samantha ist heute auch schon über fünfzig. Die ist nix mehr für mich. Aber immerhin – alles Natur. Das findest du heute nich mehr, heute is ja alles aus Plastik: die Fußballschuhe, die Titten, sogar der Rasen.«

»Hotte, hast du eigentlich 'ne Perle?«, fragt der Bengel.

»Hömma, Junge. So wat«, sage ich und streiche mir genüsslich über mein Wohlstandsbäuchlein, »so wat kann nich jede verkraften. Das ist nich nullachtfünfzehn, das is XXL-Spezial! Mit extra scharf! Da muss man als Frau für geboren sein. Und meine Änne, die war dafür geboren. Die hat den Ranzen zu großen Teilen zu verantworten mit ihren lecker Rouladen und dem warmen Vanillepudding. Das war 'ne Frau von Format. Ein Schätzchen zum Liebhaben. Die Eine, mein Freund. Kennst du das überhaupt?«

»Nee, ich bin Single«, murmelt Escher.

»Jetzt hömma zu: Wenn die Eine kommt, merkst du das sofort. Sofort! Das zieht erst in den Beinen, dann in den Lenden und am Ende im Herz. Kannst du mir glauben. Seit der Herrgott meine Änne zu sich geholt hat, habe ich nur noch Augen für die Samantha. Und für Gerda. Und Emma. Verdammter Krebs!«

Muss ich mir vor dem Griechenbubi doch glatt die Tränen verdrücken. Reiß dich mal zusammen, Hotte. »Und jetzt pack mal am Kreidewagen an, der muss aus der Isolationshaft. Nicht, dass es hinterher wieder heißt, ihr seid nur abgestiegen, weil ihr nicht gewusst habt, wo der Strafraum beginnt und wo der Parkplatz aufhört.«

»Hotte, dir würden wir doch niemals einen Vorwurf machen! Ohne dich wären wir längst abgestiegen. Dein Rasen ist ein Teppich. Im Vergleich zu den Äckern, auf denen wir auswärts ranmüssen. Wenn deine Kollegen in den anderen Vereinen nur halb so viel von ihrem Job verstehen würden wie du – unsere Gegner könnten sich glücklich schätzen.«

»Endlich sagt es mal einer. Bist ein feiner Kerl, Escher.«

In der Winterpause fahr ich manchmal mit meinem Moped rum und guck mir an, wie die Kollegen ihre Plätze fit halten. Eine Katastrophe! Bei Aki vom TUS wundert mich das nich. Der faule Hund kann sich ja nich mal allein die Schnürsenkel zubinden. Der hat einen nagelneuen Mäher in der Garage stehen, einen echten Fendt, aber fährt den nicht raus. Da könnte man fast Mitleid mit dem Rasen kriegen. Dabei wird im Winter die Grundlage für die ganze Saison gelegt.

Deswegen kann ich auch nicht in Urlaub fahren. Wenn ich mal eine Woche nicht hier bin, spüre ich innere Unruhe. Weil ich niemals sicher sein kann, ob mir nicht jemand die Rasenstruktur vernichtet. Ob der falsch düngt. Oder den Mäher zu niedrig einstellt. Oder ob alles brach liegt. Ein einziges Mal habe ich es gewagt. Der Günter wollte ein Festzelt auf den Rasen stellen. Vereinsjubiläum, großes Trara, Rede vom Bürgermeister, Kreiszeitung war auch anwesend. »Da musst du mich schon in den Knast sperren lassen«, hab ich dem Günter gesagt. Ein Festzelt auf meinem Rasen? Nicht mit mir. Aber Günter war knallhart. Also hab ich damit gedroht, mich am Torpfosten anzuketten, und er hat mir angeboten, mir ein paar Tage Urlaub zu spendieren. Also war ich drei Tage auf einer Platzwarttagung zur Weiterbildung. Das war ein feiner Zug vom Günter. Sechzig Platzwarte aus ganz Deutschland unter einem Dach. Bundesliga, Landesliga, Kreisliga, dazu wurde extra ein Experte aus den Niederlanden eingeflogen. Youri van Hout, den »Einstein der Rasenpflege« haben sie den genannt. Und wat soll man sagen? Das war ein feiner Kerl. Ein Fachmann allererster Güte und eine ehrliche Haut.

Als ich zurückkam, sah der Platz natürlich aus, als hätte Günter eine Horde Elefanten schlammcatchen lassen. Welcher Hirni auf die Idee gekommen ist, die Dixi-Toiletten in die Strafräume zu stellen, konnte mir aber keiner sagen. Dafür immerhin, wer so schlau war, im Vollsuff eins umzukippen: Döllberger. Dem hab ich vor versammelter Mannschaft das Fell über die Ohren gezogen. So jung und nur Grütze im Hirn. Der durfte den ganzen Platz nach Scherben absuchen. Eine Woche lang, bei 30°.

»Hotte, wie viele Grashalme hat eigentlich unser Rasen?« Wat, der Escher ist ja immer noch hier. Will der mich verarschen?

»Hömma auf zu sabbeln. Sieh zu, dass du pünktlich beim Training bist. Das kannst du gut gebrauchen. Und Junge, lass dir von 'nem klugen Mann einen Rat mitgeben: Tu dir mal wat Gutes. Lass den Alten zu Hause vegetieren, geh raus, komm auf andere Gedanken. Wir brauchen dich, aber fit. Vor allem im Kopf. Da werden die Spiele gewonnen.«

Ich räume die Hütchen von der Bank hinter dem Schuppen und zieh das Feuerzeug aus der Tasche. Erster Zug, ausatmen, zweiter Zug, ausatmen, die Glut leuchtet wie ein Flutlicht im Abendhimmel. Dann rauche ich und schweige. Ich blicke auf das Meer aus Geräten und Leibchen. Aus Besenstielen und leeren Saatsäcken. Muss ich auch mal aufräumen, den ganzen Schrott. Hat sich ganz schön wat angesammelt über die Jahre. Aber das mach ich morgen. Oder nächste Woche. In der Ferne höre ich die Mopeds und Autos der anderen Jungs auf den Parkplatz fahren. Gleich geht das Training los.

4.

Vorbereiten wie Maradona, spielen wie Schwarzenbeck

Dienstag, 17:54 Uhr: Das erste Training nach der Blamage vom Wochenende. Spieler kramen in ihren Taschen, das eisige Schweigen wird nur vom Abhusten der letzten Wochenenderinnerungen durchbrochen. Das Talent aus der A-Jugend kommt in die Kabine. Kapitän Martin rückt auf der Bank pflichtbewusst ein Stück zur Seite.

Jetzt starrt der Junge schon seit fünf Minuten auf seine Töppen. Wobei Töppen nicht das richtige Wort ist, denn vor ihm stehen sechs Paar High-End-Fußballschuhe. Die müssen zusammen den Wert meiner Doppelhaushälfte haben. Mit den ganzen Riemen, Ösen und Laschen sollten die Dinger eigentlich von alleine Tore schießen können – und dem Rest der Mannschaft parallel das Pils kühlen. Nebeneinander aufgereiht sehen sie eher so aus, als wäre dem Bengel sein Tuschekasten über den Schuhen ausgelaufen.

»Farblich erinnern diese Dinger an die Schlechtwetterbälle, die wir damals nur bei Schnee aus dem Schuppen geholt haben«, murmel ich und ziehe die Schuhspanner aus meinen Kaiser 5, die auch nach elf Jahren Kreisliga noch schwarz wie Erdöl sind. Melkfett sei Dank.

»Ist der Rasen kurz und trocken, nimm von Adidas die Nocken«, sage ich vor mich hin.

»Was?«, murmelt der A-Jugendliche, dessen Namen ich mir nicht merken kann. Mark? Leon? Egal!

»Ist der Rasen kurz und trocken, nimm von Adidas die Nocken. Ist er feucht und lang, schraub besser mal die Alus dran«, wiederhole ich. »Ist eine alte Weisheit von meinem ersten Trainer bei den Herren. Der alte Schmidtke, der ist vor drei Jahren gestorben. Wie auch immer, mit der Eselsbrücke kann man sich merken, welcher Schuh zu welchem Untergrund passt.«

»Was sind denn Alus?«, fragt mich der Junge und guckt mich verständnislos an. Ich fühle mich plötzlich steinalt und runzelig.

»Schraubstollen aus Aluminium. Mit solchen Dingern an den Hacken hat Andi Brehme uns 1990 zum Weltmeister gemacht und die Erste des TSV den Aufstieg in die Bezirksliga gesichert. Das war ein Sommer. Das war eine Mannschaft. Beckenbauer ging allein durch das Olympiastadion von Rom, Schmidtke soff STROH-Rum aus 'nem Fußballschuh. Das waren noch Zeiten, da ist man im Klubheim angekommen, aus dem Blaumann geschlüpft und hat sich seine tonnenschweren Schuhe an die Füße gepackt. Und dann ging es erst mal raus zum Warmmachen mit den Medizinbällen. Da war nix mit Haarband, Faszienrolle und dem ganzen Schnickschnack, den ihr hier jede Woche aus euren Taschen zaubert. Und mit Alus an den Füßen konnten wir in knietiefem Morast kicken und trotzdem ist niemand ausgerutscht«, sage ich.

»Lass mich raten: Sonst hattet ihr ja auch nix. Damals nach dem Krieg.« Dölli geht vorbei, haut mir auf die Schulter und wendet sich an unseren Nachwuchsmann. »Lass dir von dem Opa nichts erzählen. Als der so alt war wie wir, gab es noch Hexenverbrennungen.«

Ich streife mein Aufstiegstrikot von 1990 über und ziehe die Trainingsjacke zu. Der Reißverschluss hakt, der Flockdruck unseres damaligen Sponsors hat sich schon vor Jahren in der Waschmaschine in die Rente verabschiedet, Jako-Qualität ist auch nicht mehr das, was sie einmal war. Der Junge starrt noch immer auf seine Schuhe. Ob er wartet, dass sie zu ihm sprechen? »Nimm mich, Junge. Ich mach sie alle rein!«

Anscheinend hat den Jungs von heute jemand eingebläut, dass neue Schuhe sie automatisch zu besseren Spielern machen. Aber bei den Schuhen hört es noch lange nicht auf: In jeder Sommerpause bestellen sie sich einen ganzen Satz neuer Trainingsklamotten. Regenjacken aus ultraleichtem Material, von der NASA auf Tauglichkeit getestet, Handschuhe mit Anti-Rutsch-Beschichtung, Dreivierteltrainingshosen mit Belüftungsschlitzen. Die Sachen sind so absurd bunt, damit wäre man sogar in den Achtzigern ins Schulklo gestopft worden. Im nächsten Winter verschwindet das Zeug dann unter verächtlichen Blicken ganz hinten im Schrank, und kaum kommen die ersten Sonnenstrahlen hervor, wird neues Material geordert. Einmal habe ich auch mitgemacht und mir eine Ultralight-Laufjacke bestellt, aber dann musste ich feststellen, dass sich über die Jahre offenbar sogar die Maße für die Kleidergröße L geändert haben. Seitdem trage ich wieder meine alten Trainingsanzüge und die gute alte Regenjacke, in der man schwitzt, als hätte man eine Plastiktüte an. Und natürlich auch wieder die alten Schienbeinschoner und meine alten Schlappen. Die haben über zehn Jahre gehalten, so was wird doch heute gar nicht mehr produziert.

»Und dann schiebst du den einfach nur hier unter die Lasche in die dafür vorgesehene Öse im Innenschuh und synchronisierst ihn per Bluetooth mit der App«, sagt Ole, am anderen Ende des Raumes über seine Schuhe gebeugt, zu Hünemann.

»Was macht ihr denn da?«, frage ich.

»GPS-Chip«, sagt Ole.

»Gesundheit!«, ruft Dölli.

»Sehr witzig, Döllberger. Damit kann ich meine Leistungsdaten messen und analysieren«, sagt Ole.

»Welche Leistung?«, sagt Dölli trocken.

Aber Ole ignoriert ihn und spricht weiter zu Hünemann: »Nach jedem Spiel wird mir mein Laufpensum in Kilometern angezeigt, die Geschwindigkeiten werden in Kategorien eingeteilt. Durchschnittsgeschwindigkeit, Spitzengeschwindigkeit im Sprint, zurückgelegte Strecken in verschiedenen Speedintervallen. Am Rechner schmeißt er mir dann verschiedene grafische Analysen raus. Und sogar eine Heatmap«, erklärt Ole weiter. »Damit bekomme ich einen guten Überblick über die eigene Leistung und kann eventuell mein Training individuell anpassen. Ich habe das auch schon Uwe gezeigt, er fand das richtig gut. Aber ist ja auch klar, dass nicht jeder aus der Mannschaft 189 Euro für den Chip zahlen kann.«

»Oder will«, bellt Dölli aus dem Hintergrund. Hünemann versucht, Interesse vorzutäuschen – und scheitert dabei kläglich, man kann die drei Fragezeichen über seinem Kopf förmlich sehen.

»Wenn das Ding auch das Verhältnis Haargel zu Schweiß misst, kriegst du aber Probleme bei der Analyse«, lacht Dölli.

»Ja, genau. Den IQ misst es übrigens auch, aber dafür brauchst du so ein Ding ja ohnehin nicht«, kontert Ole. Touché.

»Pfff, dann schmeiß mal deinen Chip an, du Schmalspur-Ronaldinho. Misst der denn wenigstens auch kassierte Tunnel?«

Ole schnürt seinen Hightechschuh zu, zieht sich sein Haarband in die Haare und kontrolliert den perfekten Sitz seiner blütenweißen Trainingsjacke mit einem gekonnten Blick in den mitgebrachten Handspiegel. So, wie der auf dem Trainingsplatz aufläuft, habe ich nicht mal bei meiner Kommunion ausgesehen.

»Wir sehen uns im Kreis«, sagt Ole und geht raus.

»Spann schon mal die Fangnetze zwischen die Beine«, schiebt ihm Dölli hinterher und verschwindet auf dem Klo. Hünemann sitzt noch immer da und schaut, als hätte er gerade einen schrecklichen Autounfall gesehen.

Gegenüber quietscht beharrlich das Tape von Riu. Es ist das immer gleiche Ritual: erst die Fingerkuppen, dann Armgelenke, als Nächstes die Knöchel, Stutzen, Oberschenkel. Als Letztes kommen die Ohrlöcher, obwohl er gar keine Ohrringe trägt. Wenn er fertig ist, sieht er aus wie eine halb fertige Mumie. Vor ein paar Jahren hatte er sogar immer so ein Pflaster auf der Nase, weil er sagte, dass er damit besser Luft bekomme. Hat dann trotzdem nach zwanzig Minuten geschnauft wie ein Schaufelradbagger und es irgendwann eingesehen, dass Training immer noch besser ist als jedes Pflaster.

»Gibst du mir mal das Tape, Riu?«, frage ich.

»Sorry, Martin. Mein Kinesio ist fast leer«, sagt er und zieht sich sorgfältig einen langen rosafarbenen Streifen die linke Wade hoch. Es ist schon ein kleines medizinisches Wunder, dass er trotz flächendeckend aufgetragenem Klebeband alle zwei Wochen ein Zwicken im Körper verspürt. Ich habe schon darüber nachgedacht, ob er seinen Körper mit dem ganzen Getape vielleicht fälschlicherweise in eine Art dauerhafte Schonhaltung zurrt, die Verletzungen eher fördert. Aber ich bin ja kein Arzt. Die Jungs müssen schon selber wissen, was sie tun.

Vielleicht sollte er sich mit Lutz zusammentun, der zwei Plätze weiter bereits mit seiner zeremoniellen Balsamierung begonnen hat. Das hat den Vorteil, dass der Duft seiner feuchten Stutzen, die er nach jedem Training in seiner Tasche vergisst, wenigstens für ein paar Minuten durch den scharf-erfrischend beißenden Duft von Menthol, Fichtennadel oder Latschenkiefer übertüncht wird. Andererseits weiß ich gar nicht, was am Ende mehr in den Augen brennt. Lutz hat auf jeden Fall mehr Salben, Pillen und Tinkturen parat als eine Lagerhalle der Bayer AG. Zum Abschluss reibt er sich dann immer unter lautem Stöhnen eine geheime Paste seiner polnischen Schwiegermutter auf die Leiste.

»Pass bloß auf, Lutz. Nicht, dass du nachher wieder weinst«, ruft Dölli, der von der Toilette kommt und sich dort praktischerweise bereits seiner Hose entledigt hat. Er ist halt Pragmatiker.

»Ich bin zwar alt, aber nicht dement, Döllberger. Ich vergesse nichts, und meine Rache wird dich irgendwann ereilen.«

Dölli lacht los. »Da krieg ich ja richtig Angst.«

»Solltest du auch«, sage ich.

»Wieso, was ist denn passiert?«, fragt der A-Jugendliche. Ich gucke zu Lutz, der nickt.

»Am Anfang der Saison hat Dölli mal die Wunderpaste von Lutz gegen Finalgon getauscht. Lutz rieb sich also wie immer vor dem Spiel die Leiste ein. Danach ging er aufs Klo. Ein paar Sekunden später folgte ein qualvoller Schrei. Später hat sich sogar Günter besorgt erkundigt, was passiert sei«, erzähle ich.

»Den Schrei hat man bis in Archies Kneipe gehört. Die dachten, wir hätten hier ein Ferkel geschlachtet.« Dölli hustet vor Lachen. »Aber dafür konnte ich nix. Der alte Mann hat vergessen, seine Hände nach dem Einbalsamieren zu waschen. Und dann hat er das Finalgon beim Pinkeln auf Körperstellen verteilt, wo es einfach nichts zu suchen hat. Dabei weiß doch jedes Kind, lieber Lutz: Im Nassbereich der Kabine hat Hygiene allerhöchste Priorität.«

»Ich hatte eine Woche Brandblasen da unten«, sagt Lutz. »Das war nicht so lustig, wie es sich jetzt anhört. Deswegen wird Dölli dafür noch bitter bezahlen. Nicht heute, nicht nächste Woche, sondern irgendwann, wenn er nicht mehr damit rechnet. Rache ist ein Gericht, das man am besten kalt serviert.«

»Hä?«, fragt Dölli.

»Praaaaank«, ruft der A-Jugendliche.

Hä, denke ich.

»Ja, Mann. Prank!«, ruft Dölli, und die beiden schlagen ein.

»Aber wenn wir schon dabei sind, peinliche Geschichten aufzukochen. Wie war das noch damals, als du fast aus dem Verein geflogen wärst, Dölli?«, fragt Lutz.

»Ist doch egal«, murmelt Dölli seltsam kleinlaut.

»Das war ein Riesenskandal damals«, lacht Lutz los.

Die Augen des A-Jugendlichen leuchten vor Neugier. »Erzähl«, sagt er.

»Okay, das war, glaube ich, euer letztes A-Jugendjahr. Döllberger hatte schon ein paarmal mittrainiert, er war jedenfalls wirklich in seiner Sturm-und-Drang-Phase. Dagegen wirkst du heute fast wie ein Streber, oder?«, fragt Lutz.

»Kann sein, vielleicht habe ich in der ein oder anderen Situation ein bisschen überdreht. Aber das sind doch alte Kamellen«, sagt Dölli.

»Nee, der Junge soll ruhig wissen, mit wem er es hier zu tun hat. Dölli rief uns nach seinem ersten Probetraining bei den Herren zusammen, um seinen besten Trick vorzuführen: ein Zweieurostück unter seiner Vorhaut zu verstecken. Und wie das mit großen Künstlern so ist, wurde er auch nicht müde, diesen Trick bei jeder sich bietenden Gelegenheit vorzuführen. Unter der Dusche, nach dem Spiel im Vereinsheim, an der Bierbude auf dem Rummelplatz. Bis schließlich der letzte Spieltag der Saison kam, herrliches Wetter, fast zweihundert Zuschauer. Und wer stürmt auf den Rasen? Bekleidet mit Adamskostüm und Sturmhaube, und zeigt allen im Mittelkreis sein Kunststück? Dölli, dieser Spinner, der in der nächsten Saison in der Ersten spielen sollte.« Lutz prustet los, kriegt sich fast nicht mehr ein.

»Wir hatten am Vorabend Saisonabschluss in der A-Jugend. War ein langer Abend, und vielleicht bin ich etwas leichtfertig auf die Wette eingegangen. Aber hey, für mich gab das 50 Euro und drei Wochen Freigetränke auf allen Partys«, sagt Dölli mit einem Lächeln. »Und ein Aufmacherfoto im Lokalsport.«

Der A-Jugendliche guckt leicht verstört ins Leere und kramt in seiner Tasche.

Die Tür geht auf: »Jungs, guckt mal auf den Tacho. Wir warten«, sagt Schnecki.

Dölli wirft noch schnell seine obligatorische Ibuprofen ein, spült sie mit dem letzten Schluck aus der Coladose runter und verlässt die Kabine. Lutz schmiert sich zum Abschluss noch etwas Tigerbalsam unter die Nase und geht hinterher.

Da sitzen wir nun also: der namenlose A-Jugendliche und ich, sein Kapitän und Vorbild. »Waren wilde Zeiten. Ist aber alles etwas ruhiger geworden in den letzten Jahren.« Der Junge sagt nichts. Themenwechsel. »Wer bezahlt dir eigentlich den ganzen Kram? Oder hast du einen Sponsorenvertrag?«

»Noch nicht«, raunt der Junge mit beeindruckender Ernsthaftigkeit. »Ich spiele Online-Poker. Lohnt sich.« Dann zieht er sich seine hautenge Trainingsjacke zu, schnallt die Stutzenhalter um und trabt aus der Kabine.

Jetzt fühle ich mich sehr alt. Draußen pfeift Uwe zweimal laut. Das Training geht los.

Ein klassischer Kreisligaspielzug

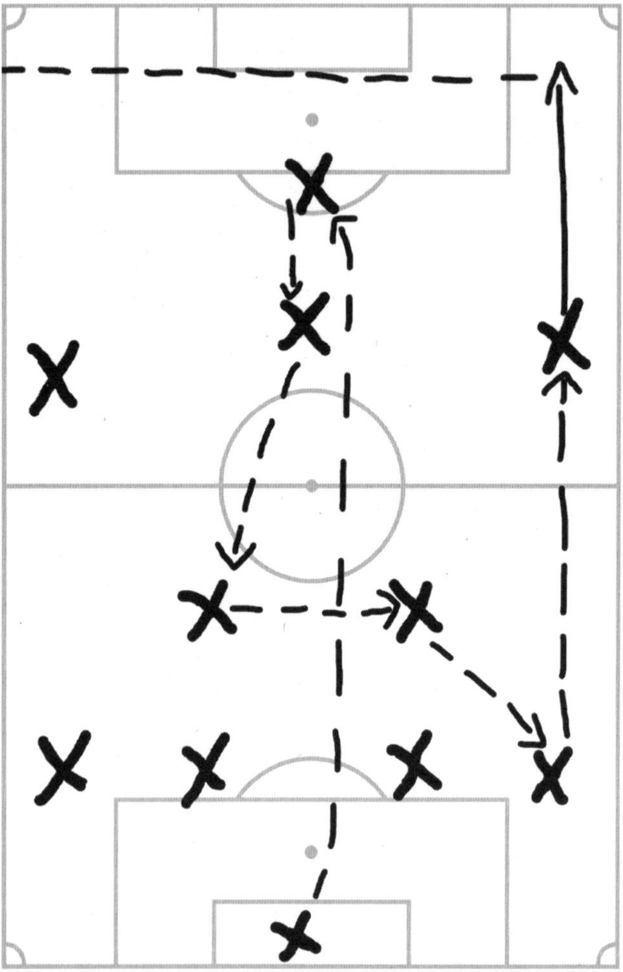

✕ Mannschaft A — → Pass/Flanke/Schuss ⟶ Laufweg

5.

Das kann man nicht trainieren, nur üben

Donnerstag, 19:03 Uhr: Das Flutlicht springt an. Plötzlich stehen vierzehn Jungs wie scheue Rehe im grellen Scheinwerferlicht. Ein Pfiff weckt sie alle aus der Schockstarre. Der Trainer brüllt, die Spieler setzen zum Hocksprung an. Chris ist voll bei der Sache, seine Motivation erst mal nahe dem Gefrierpunkt.

»Eins, hepp, zwei, hepp, drei, hepp!« Uwe ist ganz in seinem Element. Die Sau. »Die Knie an die Brust, Chris. Vier, hepp, fünf, hepp.« Wir stehen im Kreis um unseren Trainer. Doch »stehen« ist nicht ganz richtig, denn in Wahrheit hüpfen wir auf sein Signal hin hoch und ziehen die Beine an die Brust. Ein ganz schlechtes Zeichen.

»Von nichts kommt nichts, Männer. Noch mal runter für zehn, für neun, für acht, für sieben …« Liegestütze. Natürlich. Schnecki würgt schon jetzt den Döner hoch, den er kurz vor dem Training zum Abendessen runtergeschlungen hat. Mit Kräuter und Scharf, ohne Zwiebeln. Sein Keuchen kesselt durch die verbrauchte Luft dieses Sommertages. Die Sonne geht gemächlich unter. Wer immer Uwe den Trainerschein gegeben hat, gehört am Sack über die Tartanbahn geschliffen.

»Chris, an die Linie. Noch mal Liniensprints für alle in Blau. Eins, zwei, drei, hepp.«

Was soll der Quatsch? Vier Tage nach der letzten bitteren Klatsche jagt uns unser Trainer zur Strafe über den Platz, als hätten wir seinen Bausparvertrag versoffen. In seinem Hirn steht wohl vermerkt, dass Kondition bolzen uns auf den letzten Metern noch irgendwie helfen kann. Schwachsinn. Ich bin stinkwütend. Weil ich genau weiß, was wir jetzt brauchen: Spaß am Spiel, Übungen mit dem Ball. Torabschlüsse. Neues Selbstvertrauen in die eigenen Fähigkeiten. Stattdessen ziehen wir im Vollsprint zwischen den Linien hin und her. Fünferlinie, Grundlinie, Sechzehner, Grundlinie. Schnecki macht sich lang und bleibt liegen. Knock-out beim dritten Sprint. Ich würde ja lachen, wenn ich könnte. Aber ich muss mich bemühen, nicht selbst umzuklappen. Mittellinie, Grundlinie, Vollsprint zum gegenüberliegenden Tor.

Die beiden Radler nach der Arbeit waren nicht meine beste Idee. Und die Kippe vor dem Training auch nicht. Ich bemerke den Geschmack von Eisen im Mund, alles dreht sich. Ich würde gerne meine Schuhe ausziehen und einfach abdampfen. »Was soll das, Uwe?«, würde ich brüllen. Mach ich aber nicht, weil uns eine Revolte jetzt auch nicht mehr weiterhilft.

Martin geht noch einmal für Liegestütze runter. Spinnt der? Ich geb auf. Ich bin hierhergekommen, weil ich Fußball liebe. Weil ich die Jungs sehen wollte. Jahrelang stand für uns alle der Spaß im Vordergrund, und am Ende der

Saison sind wir irgendwie immer im Niemandsland der Tabelle gelandet. Gesundes Mittelmaß. Mehr wollte ich nie. Aber mittlerweile ist das Sadismus auf Champions-League-Niveau.

Im Augenwinkel sehe ich Uwe, wie er im Stechschritt über den Platz marschiert und penibel die Hütchen verteilt. Dabei redet er unermüdlich auf den A-Jugendlichen ein. Wie heißt der Kleine noch mal? Würde mich nicht wundern, wenn Uwe gleich ein Geodreieck aus der Tasche kramt, damit alles schön gerade ist. In all den Jahren hatte ich noch nie einen so unverbesserlichen Fachidioten als Coach. Und je schlechter wir spielen, umso mehr lässt er den Magath raushängen. So führt er uns schnurstracks in die Kreisklasse.

»Bitte lächeln«, ruft Dölli und haut mir mit der flachen Hand zwischen die Beine. »Und immer an die Deckung denken, Christkind.« Mir zieht der Schmerz in den Bauch.

»Fick dich, Dölli«, rutscht es mir raus.

»Oh, schlechte Laune heute?«, kontert er.

»Wenn ich dich sehe, immer, du Penner.« Okay, das war vielleicht ein bisschen zu viel des Guten.

»Fahr mal runter, Kollege. Meinst du, mir macht der Quatsch hier Spaß?« Dölli winkt ab: »In zwanzig Minuten haben wir die Kugel am Fuß, und die Welt ist wieder in Ordnung. Das lass ich mir von ein paar läppischen Läufen nicht verderben.«

»Mag sein, mich kotzt das heute alles an. Scheißtag, Scheißtraining, Scheißsaison. Macht einfach keinen Bock mehr«, sage ich und erwarte eigentlich keine Reaktion.

Ole geht an uns vorbei, spuckt sein Wasser aus und geht noch mal für ein paar Sit-ups runter. »Guck dir den Angeber an«, raunt Dölli und wirft einen verächtlichen Blick auf unseren Mittelfeldschönling. »Dem ist das alles hier doch egal. Der ist mit dem Kopf schon bei der Freibadsaison«, sage ich.

»Gute Idee, Chris«, brüllt Uwe plötzlich aus vollem Hals. »Wir machen alle noch mal zehn Sprints plus zwanzig Situps.« Alle gucken mich an, als wäre ich verrückt geworden. Uwe hebt anerkennend den Daumen. Und bevor ich etwas sagen kann, kommt Martin schon zu mir getrabt und sagt: »Klasse, Junge, gutes Signal an die Mannschaft.« Dann stehen wir an der Außenlinie. Eins, hepp, zwei, hepp, drei, hepp.

Meine Lunge brennt, mein Kopf dreht sich, der Schweiß tropft aus den Ärmeln meiner Regenjacke. Trocken von außen, nass von innen. Sehr clevere Klamottenwahl heute. In mir steigt plötzlich so ein warmes Gefühl hoch. Ich fühl mich seltsam beseelt. Ich stehe am Seitenrand, kippe mir Wasser in den Nacken und fühle mich, ja, irgendwie frei. Ich schwebe förmlich zum Mittelkreis.

»Voll am Grinsen, der Mann. Kickt es ein, oder was?«, fragt Dölli.

»Und wie«, höre ich mich sagen. Voll der Endorphineinschuss. Alter Finne. Deshalb spiele ich Fußball. Deshalb bin ich hier.

Ich sehe, dass Uwe eine Ansage macht, aber ich höre ihn nicht. Bin wie in Watte gepackt. Ich schaue in die Runde: Flasher imitiert gekonnt das Wadendehnen, Schnecki hält sich an Oles Schulter fest, um seinen Oberschenkel zu stretchen, Kai rotzt auf den Boden.

»… ja nicht so, dass wir spielerisch unterlegen sind«, höre ich Uwe in zunehmender Lautstärke. »Was uns fehlt, ist Vertrauen. Zum Mitspieler und zu unserem Spiel. Johan Cruyff hat einmal gesagt: Ein Pass zum Mitspieler ist wie ein Gespräch. Spiele ich ihm das Ding halbhoch auf die Brust, ist das ein gespielter Mittelfinger. Spiele ich ihn mit Druck in den Lauf, ist das ein Kompliment. Ein Pass in den Rücken ist eine Ohrfeige. Das müssen wir verinnerlichen. Das hat den FC Barcelona zu dem gemacht, was er heute ist.«

Barça? Ein Pass ist wie ein Gespräch? Was redet der denn da? Wenn man unsere letzten Spiele Revue passieren lässt, haben wir passtechnisch eine Massenschlägerei veranstaltet. Bei uns ist jeder froh, wenn er nicht den Ball hat. Kein Wunder, keiner will dafür verantwortlich sein, dass wir absteigen.

»Deswegen fangen wir jetzt klein an. Immer zwei Leute hinter die Hütchen. Flachpässe in den Fuß. Und jeder Passempfänger sagt nach dem Pass, wie er das Anspiel gerade verstanden hat. Und jetzt sagen alle erst mal: Ein Pass zum Mitspieler ist wie ein Gespräch.« Ist der vollkommen irre geworden?

»Ein Pass zum Mitspieler ist wie ein Gespräch«, plappern alle. Wir sind eine Herde Schafe. Schnecki und ich trotten zum Hütchen, Flasher und Kai stehen gegenüber. Der erste Pass von Schnecki fliegt knapp einen Meter an Flasher vorbei.

»Deine Mutter riecht nach Fischkutter«, sagt er. Ich muss laut loslachen. Der Typ kann so überragend sein, wenn er die Rübe frei hat.

»Nick, ist dir das wirklich alles scheißegal hier?«, brüllt Uwe. Er fand das offenbar nicht so witzig. Zehn Liegestütze als Strafe. Für die ganze Mannschaft. Danach reißen sich alle zusammen. Und so schallt es nach jedem Pass über den Platz: »Du nervst mich.«

»Ich fände es gut, wenn du dich mal ein bisschen bewegst.«

»Halt die Klappe, und schieß ein Tor.«

»Wechsel die Seite.«

»Nutze endlich mal deinen Speed.«

»Lass klatschen.«

Jeder, der zufällig an unserem Platz vorbeikommt, muss denken, wir befinden uns hier in einer Art sportgestützter Therapiesitzung für Intensivstraftäter. Aber je länger wir den Quatsch machen, umso sicherer wird auch unser Passspiel. Selbst Riu spielt die Pässe sauber und direkt in die Füße seiner Mitspieler. Teufelskerl Uwe, denke ich so vor mich hin, während die Mannschaft wie im Fluss die Bälle laufen lässt, sich abwechselnd mit Komplimenten überhäuft oder unverblümt die Meinung geigt. Ich sehe diese Jungs alle drei Tage, und sie können mich trotzdem immer noch überraschen.

»Ein Pass ist also wie ein Gespräch«, grinst Flasher in der Trinkpause. »Darfste keinem erzählen.« Der wirkt heute irgendwie besonders locker. Kommt nicht so oft vor. Eigentlich sprintet er meistens hastig aus der Kabine.

»Was kommt als Nächstes? Aquarell malen mit nassen Stutzen?«, frage ich ihn, und wir beide müssen lachen.

»Männer, das war richtig stark. Seht ihr, wie sich diese Art des Passspiels auf uns alle auswirkt? Sogar Chris kann plötzlich einen Ball stoppen«, sagt Uwe und grinst. Ich ziehe auch die Mundwinkel hoch, aber in mir kocht es. Warum wusste ich, dass ich heute kassiere?

»Ach so, ich dachte immer, das wären Direktabnahmen, Chris«, sagt Dölli. Ich höre mit aller Macht weg. Aber am liebsten würde ich dem Kerl in die Eier treten. Er kann es kein Stück besser, aber labert, als wäre er Ronaldo persönlich. Alle anderen lachen. Ich lache mit.

Dölli kann es sich immer erlauben, die Klappe aufzureißen.

Unserem Mannschaftsgroßmaul wird nahezu alles verziehen, weil er eben Dölli ist. Das Original, das eine gute Mannschaft braucht. Die Art unverwüstlicher Menschen- und Spielertyp, der jede Mannschaft von der Bunten Liga bis zur Regionalliga auf magische Art zusammenhält. Ein Quartalsirrer, der auf dem Platz immer zwischen Weltklasse und lebenslanger Sperre schwankt. Und abseits des Platzes zwischen gehasster Dampframme und liebenswürdigem Trottel hin- und herpendelt. Er ist immer ein bisschen zu laut, zu peinlich, zu dämlich, und doch lieben wir ihn für seine Energie, seine Wärme, seine Direktheit. Ein bisschen ist es so, als hätten Typen wie Dölli keine Bremse im Kopf. Immer nur Vollgas. Das kann erfrischend sein. Oder tierisch anstrengend.

Als B-Jugendlicher kam ihm beim Saisonabschluss der Ersten der Geistesblitz, den Rasen zu stürmen. Für das Höchstgebot von 50 Euro rannte er also am nächsten Tag kurz vor der Halbzeit auf den Rasen. Nackt. Mit Sturmhaube auf dem Kopf. Ich stand am Rand und musste mich fast übergeben vor Lachen. Auch weil natürlich jeder sein Tattoo erkannte. Ein Arschgeweih, gestochen im Vollrausch nach einer verlorenen Wette auf Mallorca. Das Foto war am nächsten Tag der Aufmacher im Lokalsport, Dölli kreisweit berühmt und im Verein für ein halbes Jahr Persona non grata.

Fußballerisch ist er fraglos eine Bereicherung für unsere Mannschaft. Mit seinem linken Fuß kann er Elefanten von der Savanne schießen, sein Antritt hinterlässt regelmäßig Staub und offene Münder. Leider ist er zu oft abgelenkt, weil er sich mit Gegenspielern unterhalten oder mit Schiedsrichtern streiten muss. Er kommt immer fünfzehn Minuten zu spät, und sein Aufwärmprogramm besteht aus zehn trockenen Schüssen aufs leere Tor und zwanzig Liegestützen. Kein Dehnen, kein Laufen. Er ist ein Rohdiamant, den nie jemand geschliffen hat.

»Der Kerl ist positiv verrückt«, hat mal einer zu mir gesagt, als Dölli sich nach einem Doppelpack in der vergangenen Saison noch Rot wegen Schiedsrichterbeleidigung abgeholt hat.

»Für mich ist er einfach nur verrückt«, habe ich geantwortet.

Abseits des Platzes hält er unsere Truppe zusammen. Ein Typ, der körperlich schon in Rente gehört, aber geistig noch im Stimmbruch ist. Wenn am Mannschaftsabend der Schnaps zu teuer wird, haben wir immer noch Dölli. Denn wenn er seine Fantasie von der Leine lässt, gehen alle mit Bauchschmerzen nach Hause.

»Torschüsse jetzt. Kurzes Anspiel auf Martin, Rückpass, eins gegen eins: Abschluss. Ich gehe ins Tor. Für jeden Schuss, der nicht auf das Tor geht, macht die ganze Mannschaft zehn Klappmesser.« Uwe weiß, wie er uns zu Höchstleistungen treibt. Es gibt derzeit keine bessere Motivation, mit Vollspann das Tor zu treffen, als das breite Grinsen unseres Trainers. Er sollte sich am Wochenende vielleicht mal hinter das Tor unserer Gegner stellen. Doch es kommt, wie es kommen muss. Die Bälle fliegen mit Vollspeed durch die Gegend. Nur nicht aufs Tor.

»Scheißflatterball«, brüllt Lutz, und alle grinsen sich an. Schnecki ist mittlerweile in einer Art Fötusstellung erstarrt.

»Der schießt heute nicht mehr aufs Tor«, sagt Riu im Vorbeigehen.

»Vielleicht steht er sogar nie wieder auf«, sagt Flasher.

»Doch, der kriegt irgendwann Hunger«, sagt Dölli und rennt mit dem Ball los.

Ich nehme Anlauf und dribble den Ball ein paar Meter, Pass auf Martin, der Ball kommt zurück, ich lege den Ball an ihm vorbei, beschleunige, noch vier Schritte. Vor meinem geistigen Auge sehe ich das Gesicht meines Chefs, wie er sich aus seinem Porsche 911 schält. Noch drei Schritte. Ich sehe meinen Vater, der mit mir über meine Zukunft reden will. Zwei Schritte. Vor meinem geistigen Auge stopfe ich meine dreckigen Unterhosen in die Maschine eines Waschsalons. Noch ein Schritt. Uwes breites Grinsen. Klappmesser. Vollspann. Leck mich!

Ich spüre schon in diesem Moment, dass ich den Ball perfekt getroffen habe. Vielleicht so gut wie noch nie. Mein Bein schwingt durch, und ich blicke dem Ball hinterher, der wie ein Strich durch die Luft pfeift – und mit einem lauten Krachen unter das Lattenkreuz knallt. Drin! Geil! So fühlt sich Fußball an!

»Ach du Scheiße. Chris hat ein Tor geschossen«, höre ich Schnecki schreien. Plötzlich ist er wieder auf den Beinen.

»Geil, vielleicht steigen wir jetzt doch nicht ab«, brüllt Flasher.

Ich bin wahrhaftig kein Torjäger. Ehrlich gesagt weiß ich nicht mal mehr, wann ich meinen letzten Treffer in einem Ligaspiel erzielt habe. Aber jetzt schweiß ich hier so ein Ding unter den Giebel, und niemandem fällt ein, sich mit mir zu freuen? Nicht aus der Ruhe bringen lassen. Keine Angriffsfläche bieten. Einfach weitermachen. Das ist der Humor, den ich so liebe. Bloß niemals Schwäche zeigen oder sogar den Mitspieler loben. Lieber dem anderen einen Spruch drücken, als selbst der Dumme zu sein. Dieses ganz spezielle Klima hält unsere Mannschaft am Leben, egal, wie sehr uns das

Wasser bis zum Kinn steht. Ich drehe ab und mache es wie Ronaldo. Sprung in die Luft, Drehung, alle Muskeln angespannt, Landung: »Siuuuuuuuu!« Ist das lächerlich. Macht das Spaß. Alle liegen am Boden vor Lachen, selbst Uwe lässt kurz mal die Fassade bröckeln und muss sich am Pfosten abstützen.

Wie habe ich diese Leichtigkeit vermisst. Die ganze schlechte Laune ist wie weggeblasen. Und vielleicht hilft uns das tatsächlich zur Rettung. Das wäre schon ein Witz für sich, wenn wir am Ende der Saison unsere größte Stärke wiederfänden. Eine gesunde Scheißegal-Einstellung.

Das Abschlussspiel hat richtig Dampf. Alle geben Gas, wir kombinieren gut, diskutieren, fluchen, jubeln. Jeder will hier gewinnen, das hat es schon seit Ewigkeiten nicht mehr gegeben. Ole und Dölli gehen sich kurz an die Gurgel – wegen eines falschen Einwurfs. Sogar Schnecki ist wieder von den Toten auferstanden. Der Ball läuft wie auf der Konsole. Und ich vergesse für ein paar Minuten den ganzen Scheiß, der nach dem Duschen wieder auf mich wartet. Muss dieses Abschlussspiel jemals enden?

Am eigenen Strafraum schnappt sich Schnecki den Ball und setzt zum Solo an. Riu lässt ihn durch – wahrscheinlich aus Angst vor schwerwiegenden Verletzungen. Kai ist einfach zu langsam oder hat keinen Bock nachzusetzen. Wenigstens Dölli nimmt die Verfolgung auf. Das kann böse enden. Schnecki passt auf Harry, Doppelpass mit Flasher.

»Was ist denn hier los?«, ruft Kai.

Uwe klatscht sich motiviert in die Torwarthandschuhe. Ein Tor von Schnecki? Dem Ersatztorwart? Diese Schmach will sich auch der Trainer nicht geben. Martin fährt noch mal das lange Bein aus, doch Schnecki legt den Ball auf außen, wo Ole bereits Ansprüche angemeldet hat. Schnecki wuchtet sich selbst vor das Tor, er lässt sich einfach nicht aufhalten. Ole schaut kurz hoch und chippt den Ball butterweich in die Mitte. Sechzehn Meter vor dem Tor kommt Schnecki zum Stillstand, fixiert den Ball wie Roger Federer einen nahenden Flugball. Der wird doch nicht … Der Ball kommt perfekt auf Brusthöhe, Schnecki springt hoch und steht plötzlich waagerecht in der Luft. Er holt aus, sein rechter Fuß schwingt nach vorne, der Ball schnalzt. Volltreffer! Und dann: *Bamm!* Das Licht geht aus!

»Was soll die Scheeeeeeiße?«, höre ich Schnecki brüllen. Aus dem Dunkel ertönt dieses unverkennbare Geräusch, wenn ein Ball satt ins Netz einschlägt. Dann kracht es. Das Ufo Schnecki ist gelandet.

»Schluss, aus, Feierabend. Guckt mal auf den Tacho, ihr Flitzpiepen«, hallt es vom Vereinsheim rüber. Hottes Stimme. »Meint ihr, ich mach hier Überstunden für euch Amateure, oder wat?«

»Der Ball war drin, ey. Habt ihr das gesehen?« Schnecki ringt hörbar um Fassung. »Hey, ob ihr das gesehen habt?«

Flasher: »Nö!«

Dölli: »Kann ja jeder sagen.«

Uwe: »Quatsch, den habe ich gehalten. Mit einer Hand.«

»Maaaaaann. Was soll die Scheeeeeeeeiße, Hoooooootteeeeeeee!« Schnecki kann es nicht fassen.

Hotte: »Ruhig, Brauner. Spar dir deine Energie für das Wochenende. Hier im Training kann das doch jeder. Sogar Chris. Und jetzt seht zu, dass ihr in die Duschen kommt, in fünfzehn Minuten dreh ich das Wasser ab. Ich will nach Hause. Hab die ganze letzte Nacht nich gepennt, weil ihr Eiernacken mir den letzten Nerv raubt.« So kann man eine Trainingseinheit natürlich auch beenden.

Wir schweben langsam vom Rasen. Keiner sagt ein Wort, alle scheinen irgendwie glücklich zu sein. Ein positives Gefühl nach dem Training, das muss mindestens sechs Monate her sein.

»Hotte ist eine Pfeife«, sage ich zu Flasher, der grinsend neben mir hergeht. »Als ob der Versager noch irgendwas anderes zu tun hat, außer ab und zu mal den Rasen zu mähen und am Wochenende die Linien zu ziehen.«

»Was?« Flasher hat natürlich nicht zugehört. Ich werde aus dem Typen einfach nicht schlau.

»Hotte. Platzwart. Du verstehen?«, sage ich im Scherz, aber das kommt bei Flasher nicht an. Und so latschen wir den Weg zur Kabine schweigend nebeneinander her. Zwischen den Waschbetonplatten vor der Kabine sprießt der Löwenzahn, durch die Ruhe des Abends tönt nur noch das Klackern unserer Stollen. Ich liebe den Sound. Die Truppen ziehen sich zurück in die Kaserne. Schöpfen Kraft für die nächste Schlacht. Und schütten sich zur Regeneration ein paar Pils in die Rübe, bis irgendwann endlich der Ausschalter im Schädel gefunden ist und alle ins Bett fallen.

»Hast wenigstens du meine geile Hütte gesehen, Chris? Pils?« Schnecki wirft mir eine eiskalte Flasche Bier zu.

Hünemann zieht sich langsam seine Schuhe aus und zieht eine Schachtel Kippen aus dem Stutzen.

»Kann ich eine haben?«

»Du rauchst doch gar nicht mehr.«

»Manchmal muss ein Mann eben rauchen.«

»Ist das ein Chuck-Norris-Spruch?« Hünemann reicht mir ein Kippe und sein Feuerzeug. Ich nehme einen tiefen Zug, puste den Rauch in den Himmel.

»Und, alles klar bei dir?«, fragt Hünemann. Nein, denke

ich. Nix ist klar. Saison scheiße, Eltern angenervt, Exfreundin hat einen Neuen, und der Job macht jeden Tag so viel Spaß, wie mit rostigen Kettensägen zu jonglieren. Außerdem träume ich davon, zwei Monate auf dem Highway 1 durch Kalifornien zu cruisen. Cabriodach offen, in den Tag reinsurfen, abends abhängen in Venice Beach. Aber ich habe am Ende des Monats nicht mal genug Kohle, um die Strafen für die Mannschaftskasse zu bezahlen. Stattdessen sage ich: »Sicher, und selbst?«

»Muss ja«, sagt Hünemann. Dann stehen wir wortlos nebeneinander, pusten Rauch in den Himmel und nippen an unseren Bierflaschen. Es kann so einfach sein.

Der klassische Laufweg eines Kreisligaschiris

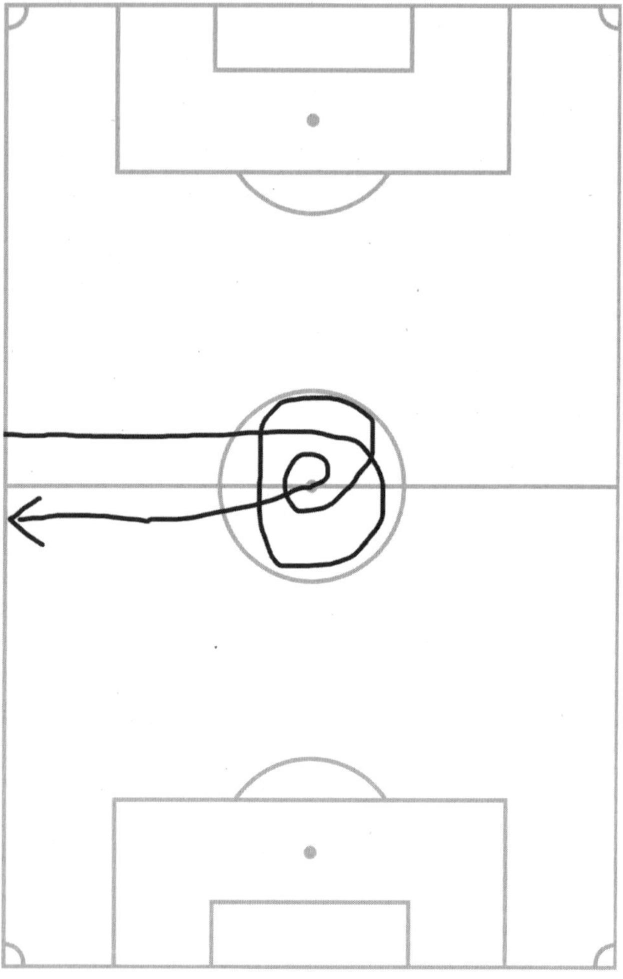

6.

Ein guter Schiri ist mehr als eine Pfeife

Samstag, 17:11 Uhr: Wie jedes Wochenende heißt es auch an diesem Sonntag: Sieg oder Spielbericht. Also macht sich Platzwart Hotte nützlich und sortiert im Vereinsheim die Papiere für das vorletzte Heimspiel der Saison.

Es ist immer dieselbe Frage, die sich mir aufdrängt, wenn ich über unsere Schiedsrichter nachdenke. Warum tut man sich das an? Für 17 Euro Aufwandsentschädigung und ein bisschen Fahrtgeld wertvolle Lebenszeit herzugeben. So ein Einsatz dauert locker vier Stunden. Anfahrt, Aufwärmen, Platzinspektion, Passkontrolle, erste Halbzeit, zweite Halbzeit, Spielbericht, lauwarme Dusche, Abfahrt. Für 17 Euro und ein bisschen Fahrtgeld. Klar, ich mach den Platzwart auch für lau. Ich brauch kein Geld, ich brauch auch kein Lob. Ich mach einfach. Weil mir das Spaß macht: alles in Ordnung zu halten. Hab ich meine Ruhe. Und immer wat zu tun.

Und das sagen mir die Schiris auch immer: dass ihnen das Spaß macht. Aber: Wat soll daran Spaß machen?! Sich neunzig Minuten anschreien zu lassen? Immer der Buhmann sein? Immer aufpassen müssen, dass man nich selbst wat auf die Glocke kriegt? Warum tut man sich das an?

Es gibt natürlich die machtgeilen Pantoffelhelden. Solche, die zu Hause – wenn da überhaupt jemand wartet, nicht nur das Internetforum für Modelleisenbahner – nix zu sagen haben. Solche, die im Job nix zu sagen haben. Die freuen sich, dass sie wenigstens einmal die Woche doch wat zu sagen haben. Auch wenn es nur darum geht, ob es ein Foul war oder nicht.

Das sind die Kandidaten, die mir am meisten auf den Senkel gehen. Die kommen auf die Anlage und spielen sich auf, als wären sie Onassis. »Wieso liegt der Kabinenschlüssel nicht bereit? Wieso liegen die Spielerpässe nicht bereit? Und ein Wasser hättet ihr auch mal hinstellen können! Aber mit KOHLENSÄURE!«

Die freuen sich insgeheim, wenn die Spieler ihnen eine Föhnfrisur quatschen. Weil sie dann zurücktexten können und ihnen endlich mal jemand zuhört. Einmal habe ich einen von diesem Schlag zur Rede gestellt. Hab gesagt: »Herr Schiedsrichter, gehen Sie immer so mit den Spielern um? So herrisch?« Da hat er mich nur angeschaut. Das war so ein kleiner, untersetzter Typ, aber plötzlich war der ganz groß.

»Auf dem Platz bin ich das Gesetz. Da hat jeder zu tun und zu lassen, was ich sage«, hat er gesagt. Mann, ist dem einer abgegangen. Das hab ich so richtig in seinen Augen sehen können. Aber so Kumpels wie der sind die Ausnahme.

Die meisten Schiris sind ganz normale Typen. Witzbolde, Pedanten und Stoiker. Die haben vielleicht einen leichten Schatten. Oder warum tut man sich das an?

Einer hat mir mal gesagt: »Wissen Sie, ich mag Fußball. Aber ich war nie sonderlich talentiert. Als Schiedsrichter habe ich meine Position auf dem Rasen gefunden. Und wenn ich ein Spiel sauber über die Bühne bekomme, wenn ich möglichst alles richtig gesehen habe, wenn ich die Hitzköpfe, Schwalbenkönige und Dampfplauderer auf und neben dem Platz im Griff hatte, dann habe ich meine Aufgabe gut gemeistert. Dann bin ich zufrieden.«

Der erzählte das so, als wäre das alles ein Rätsel, bei dem er einzelne kleine Aufgaben erfüllen muss, um das nächstgrößere Türchen zu öffnen.

»Das is ein bisschen so wie ein gleichmäßig gemähter Rasen«, habe ich ihm geantwortet.

»Versteh ich nicht, wie Rasenmähen Spaß machen kann«, hat er gesagt. Wat für ein Komiker.

Aber mal ganz im Ernst: Warum tut man sich das an?! Weil, genau genommen ist es doch so: Du kommst zum Platz. Und kein Schwein wartet auf dich. Jetzt kannst du vielleicht sagen: »Freunde, ohne mich könnt ihr den ganzen Scheiß hier vergessen. Ohne mich fängt das Spiel nicht einmal an.«

Das ist der Punkt, an dem Schiedsrichter anfangen, über ihre Aufgabe zu fabulieren. Fast so, als wären sie in ihrer Ausbildung auch noch durch ein Germanistikseminar geschleift worden: »Wissen Sie, ich bezeichne mich auch viel lieber als Spielleiter. Denn SchiedsRICHTER, das klingt viel zu sehr nach Parteinahme. Nein! Ich leite das Spiel, im Sinne der Regeln und im Endeffekt vor allem im Sinne BEIDER Mannschaften. Ich ermögliche überhaupt erst, dass die beiden Teams sich im fairen Wettstreit miteinander messen können.«

Aber das is doch genau das Problem, will ich dann sagen, weil alles so schrecklich nach Oberlehrer klingt. So schrecklich behördlich, bürokratisch und steif. Aber stattdessen sage ich: »Mmh, stimmt.« Weil: Man will den Schiedsrichter grundsätzlich irgendwie blöde finden, ihm zumindest verbal ans Bein pinkeln, dieser Mischung aus Priester und Paragraf. Aber er hat recht! Ohne ihn wäre das alles gar nicht möglich. Und vielleicht passt das Wort Spielleiter schon besser als Schiedsrichter. Am besten aber ist doch eigentlich: Unparteiischer. Ein Typ, dem egal ist, wat in der Tabelle, bei den Mannschaften, mit den Menschen passiert, die hier gegen den Ball treten, wenn der nächste Pfiff ein Elfmeterpfiff ist und das nächste Elfmetertor über Sieg oder Niederlage und über Abstieg oder Nichtabstieg, über Aufstieg oder Nichtaufstieg entscheidet.

Machen wir uns nichts vor, wir machen es ihnen nicht gerade leicht. Wir alle nicht. Wir machen uns über sie lustig. Wir brüllen sie an, ganz egal, ob wir auf dem Platz stehen oder daneben. Wir strafen sie mit Ignoranz, was fast noch schlimmer ist. Wir zweifeln an ihrer Kompetenz und ihrer Leistung. Wochenende für Wochenende. In einem Tonfall und einer Art, die den meisten von uns wahrscheinlich schon nach ein paar Minuten zu viel wäre. Also noch mal: Warum tut man sich das an?

Mal ganz im Ernst: Wie würden unsere kleinen Spielerdiven reagieren, wenn man sie so behandeln würde, wie sie den Unparteiischen begegnen? So wie Dölli während eines Spiels fortwährend über den Platz brüllt: »Der will nicht pfeifen!« Wat würde passieren, wenn es jemanden gäbe, der jeden Fehlpass, jede vergurkte Ballannahme, jeden verzogenen Torschuss von Dölli kommentieren würde? »Der will nicht gewinnen! Der will seine Mitspieler nicht einbinden! Der will kein Tor machen! Der will nicht Fußball spielen!«

Klingt vielleicht albern, und vielleicht würde Dölli darüber erst mal lachen. Aber steter Tropfen …! Und irgendwann würde der Döllberger nicht mehr lachen, und ganz schnell würde jeder zweite Pass zum Fehlpass, weil dann plötzlich ein kleines Teufelchen in seinem Kopf säße, das sagte: »Jetzt bloß kein Fehlpass!« Der würde sich den Sprücheklopfer aber vornehmen, da kannste Gift drauf nehmen! Der würde zu dem hingehen und ihm einen doppelten Döllberger mitgeben. Und das ist vielleicht das größte Elend: Der Unparteiische wird zwar von allen angegangen, kann sich aber niemals wehren. Deshalb: Warum tut man sich das an?

Wenn ich drüber nachdenke, muss man sich fast wundern, dass die Schiris nicht auch mal ausrasten. So einen Fall hat es hier auch schon gegeben, vor ein paar Jahren. Da haben Mannschaften und Fans den Unparteiischen so lange beleidigt und bedroht, dass er letztendlich Rot gesehen hat. Im wahrsten Sinne des Wortes.

Einer der Spieler ist ihm so lange auf die Pelle gerückt, hat ihn immer weiter beleidigt, bis der gute Mann alles um sich herum vergessen hat: sich, seine Aufgabe und jeglichen Anstand. Blackout! Niedergestreckt hat er ihn. Eine rechte Gerade mitten ins Großmaul. Die anderen Spieler sind vor Überraschung in Schockstarre verfallen. Kennt man ja nicht, dass der Prügelknabe zum Prügler wird. Das überfordert.

Danach war Stille. Niemand hat irgendwat gesagt, nachdem der Rausch ein Ende gefunden hatte, nachdem die Schockstarre überwunden war und ein guter Geist den Unparteiischen beruhigt und in die Welt der Vernunft zurückgeholt hatte. Ich kann mich gut erinnern, wie leer sein Blick war. Dann brach er das Spiel ab. Er ist in seine Kabine marschiert, ganz ruhig, hat den Spielbericht geschrieben und sich anschließend selbst bei der Polizei angezeigt. Bis heute hat der kein Spiel mehr gepfiffen. Das ging dem gegen die Ehre.

Ist natürlich die Ausnahme. Aber ich wundere mich schon immer wieder. Wenn man zu mir sagen würde: »Mensch, Hotte! Wat hast du denn schon wieder für einen Mist gekreidet?! Das ist doch keine Linie, das ist ein Fragezeichen!« Da würde ich beim ersten Mal vielleicht noch sagen: »Konzentriert ihr euch mal lieber darauf, nicht wieder über den Ball zu stolpern!« Aber wenn sie das immer und immer wieder zu mir sagen würden, wenn sie sagen würden: »Mensch, Hotte! Der Rasen ist stumpf, der Platz ist wellig, und im Strafraum brauchst du Allradantrieb!« Immer und immer wieder, so wie der Unparteiische seine vermeintlichen Verfehlungen auf die Ohren gepeitscht bekommt, dann würde ich wahrscheinlich ziemlich schnell sagen: »Macht euren Scheiß doch alleine!« Und das wäre noch nett formuliert. Warum tut man sich das an?

Es gibt natürlich auch die Kandidaten, bei denen nie etwas passiert. Bei denen die Spieler gut lachen haben, nicht meckern, auch wenn sie 0:4 zurückliegen. Keine Ahnung, wie die das anstellen. Die bringen eine ganz natürliche Autorität mit auf den Platz. Müssen Sonnenkinder sein. Deren Fruchtblase war wahrscheinlich mit Kleeblättern gefüllt gewesen, und der Vatter war ein Schornsteinfeger. Die können machen, wat sie wollen, alle haben gute Laune, keiner muckt auf.

Das sind die Typen, die nie Probleme machen oder haben, wenn sie auf die Anlage kommen. Die werden bemerkt. Die machen sich bemerkbar. »Hallo? Wo sind denn meine

Freunde? Wo sind die Schwerverbrecher?« Das sind die Typen, die sagen: »Hotte! Schön, dich zu sehen. Was macht die Kunst?« Denen stell ich persönlich ihr Wässerchen in die Kabine, ist doch klar.

Wenn ich diese Spezies von Unparteiischen frage, warum sie das machen, höre ich immer die gleiche Antwort: »Die Frage habe ich mir auch schon hundertmal gestellt, Hotte! Und meine Frau erst. Aber weißt du, das Pfeifen hält mich jung und fit. Wenn ich die Schiedsrichterei nicht hätte, mein Lieber, dann hätte ich keinen Rettungsring um meinen Bauch, dann wäre da ein Rettungsboot, verstehst du? Und ist doch schön, eine sinnvolle Aufgabe zu haben. Und später trinken wir schön ein Pils zusammen!«

Vielleicht geht es gar nicht so sehr darum, wat für eine Aufgabe man übernimmt, sondern wie man sie ausführt. Und das man, wenn man positiv gestimmt ist, auch so behandelt wird. Is doch klar. Vielleicht darf man auch den Fußball nicht so ernst nehmen.

So wie der Kollege, der hier mal aufkreuzte und nach zehn Minuten ganz aufgeregt zu mir kam: »Sagen Sie mal: Sie haben nicht zufällig noch irgendwo eine Gelbe und Rote Karte rumliegen? Und eine Pfeife? Ich habe die eigentlich immer in so einem Extratäschchen. Aber das ist weg! Einfach weg!«

Extratäschchen. So sah der auch aus. Aber das half ja alles nix, und deshalb hab ich mich auf die Suche gemacht, aber keine Chance. Keine Karten weit und breit. Eine Pfeife aufzutreiben – kein Problem. Uwe hat davon ja mehr als genug.

Ich also zurück zum Unparteiischen: »Entschuldigen Sie, aber Gelbe und Rote Karten haben wir nicht. Die sind leider aus. Wüsste auch nicht, wo wir die auf die Schnelle noch herbekommen sollten.«

Da schaute der verdattert, als spulte er in Gedanken seine Ausbildung ab, als kramte er im inneren Register nach »K« wie »Kartenverlust«. Aber nix da: Kein Anschluss unter dieser Nummer.

Aber weil Regeln zwar Regeln und eine korrekte Ausstattung eine korrekte Ausstattung ist, das Spiel aber über allem steht, hat er kurzerhand beschlossen: »Dann spielen wir eben mit Senf und Ketchup! Ob Sie so freundlich sein könnten, mir vom Grillstand eine Packung Senf und eine Packung Ketchup zu besorgen? Die nehmen wir als Gelbe und Rote Karte. Das wird schon gehen! Problem erkannt, Problem gebannt«, hat er gesagt und laut und freudestrahlend gelacht. So wie kurz vor Anpfiff auch die Spieler.

Dölli hat natürlich noch einen raushauen müssen: »Schiri: Muss Ihnen leider sagen, dass ich auf Senf allergisch reagiere. Über Mayo hätten wir ja reden können …«

Bei dieser Art von Unparteiischen geht es in der Regel fair zu. So auch dieses Mal. Kein Ketchup, einmal Senf. Und dann sagt der: »Wenn hier einer Schärfe ins Spiel bringt, dann ich.« Und gut war.

Warum tut man sich das an, habe ich auch ihn nach dem Spiel gefragt, als wir noch gemeinsam ein Pils gesüffelt haben. Und er hat geantwortet, wat alle antworten: »Macht einfach Spaß. Und wissen Sie, so wie wir hier jetzt zusammensitzen, so sitzen wir Schiedsrichter aus unserem Kreis auch immer mal wieder zusammen. Ist ein schöner Zusammenhalt, der da entstanden ist. In den Vereinen denken ja immer alle, wir wären so was wie einsame Wölfe, nur weil wir immer allein bei euch aufschlagen. Aber das Gegenteil ist der Fall: Wir sind eine große Familie. Und wie in jeder

Familie versteht man sich mit dem einen besser, mit dem anderen schlechter. Andere treffen sich, um über ihre Briefmarkensammlung zu sprechen, und wir treffen uns, um über unsere Spiele zu reden. Ist doch schön!«

»Klingt gut«, habe ich gesagt. Später erst habe ich mich daran erinnert, dass ich mal eines unserer B-Jugendspiele leiten musste, weil sonst niemand da war. Das war die Hölle. Die kleinen Miniamateure haben sich genauso aufgeführt wie die Großen. Leider. »Schiri!«, »Ey!«, »Bist du blind?!«, haben sie gerufen. Die haben sich genauso auf die Socken gegeben und genauso auf sterbender Schwan gemacht, wenn ihnen in aussichtsreicher Position auch nur der Wind um die Stutzen wehte. Furchtbar war das.

Das fing schon vor dem Spiel an! Beide Mannschaften kommen raus, um sich aufzuwärmen. Ich kontrolliere die Spielkleidung und stelle fest: Beide Mannschaften in weißen Stutzen! Geht nicht, denke ich mir, ich schaue ja während des Spiels nicht auf die Trikots und die Hosen, sondern auf den Ball und die Füße. Und wenn alle weiße Stutzen anhaben, wie soll ich dann entscheiden, wer wem gegen das Schienbein getreten hat?

Also sage ich zu unseren Jungs: »Männer, ihr müsst die Stutzen wechseln!«

Und sofort ging das Gemecker los: »Was, wieso denn?«, »Boah, Schiri!«, »So ein Quatsch!« Als wenn sie nicht selbst alles dafür tun müssten, es dem Spielleiter so leicht wie möglich zu machen. Ist doch in ihrem Sinne. Aber gelernt ist gelernt. Der Schiri sagt wat? Erst mal meckern.

Und in den kommenden vierzehn Tagen stehen die letzten beiden Heimspiele der Saison an. Da gilt: alles oder nichts. Ein letztes Mal dem Schiri die Kabine aufschließen, das Wässerchen hinstellen und mich anbiedern, damit er in einer kniffligen Situation erkennt, welche Mannschaft seine Gunst nötiger hat. Aber wer wird uns pfeifen? Und warum tut der sich das an?

Die können mir erzählen, wat sie wollen. Ich komme einfach nicht dahinter. Und ich werde es auch nie verstehen. Aber ich bin dankbar, dass es sie gibt. Woche für Woche.

7.

Das nächste Spiel ist immer das nächste

Sonntag, 15:03 Uhr: Heute brennt jeder TSV-Spieler wie eine Fackel – von beiden Seiten. Ein seltenes Gefühl durchströmt die müden Körper nach dem Abpfiff. Wärme? Euphorie? Hoffnung? Ersatztorwart Schnecki sprintet vorneweg in Richtung Umkleide. Seine Mission ist noch nicht zu Ende. Sie hat gerade erst begonnen.

Ich bin als Erster wieder in der Kabine. Was soll ich auch noch da draußen? Ich bin der Ersatztorwart, mich muss man nicht feiern. Ich feiere mit den anderen. Und dann sorge ich dafür, dass es in der Umkleide was zu feiern gibt. Oder was zur Frustbewältigung. »Wenn ich schon keine Bälle fange, werfe ich wenigstens die Granaten«, sage ich immer. Und deswegen ziehe ich die Kästen aus der Kühlung, deswegen bin ich der Erste in der Kabine. Und wenn die anderen nachkommen, dann werfe ich ihnen die Pullen zu. Jedem eine kleine Handgranate, jedem sein Pils. Manche »explodieren«. Zerbersten mit lautem Klirren am Boden. Wenn entweder mein Wurf zu schlecht war, was eigentlich nie vorkommt, oder wenn einer der Jungs nicht richtig fangen kann.

»Nicht schlimm«, sage ich dann, »wenn du so fangen könntest, wie du kickst, wärst du jetzt Kreisligahandballer.«

»Wenn du so halten könntest, Schnecki, wie du laberst, wärst du jetzt unser Ersatztorwart«, sagen die Jungs. Und dann geht es erst richtig los.

»Um Gnade gewinselt haben die!« Dölli dreht in der Kabine mal wieder richtig auf, drückt voll aufs Gaspedal. Die anderen Jungs johlen: »Dölli, Dölli, Dölli.« Der lässt sich nicht lange bitten: »Dabei habe ich nach dem 4:1 extra einen Gang rausgenommen, habe ja heute Abend noch was vor … Die kleine Blonde, die am Ortsausgang an der Tanke arbeitet, die ist ja nicht nur hergekommen, um mich spielen zu sehen. Drei Tore habe ich ihr versprochen, vier sind es geworden. Das ist nicht nur die halbe Miete, das sind mindestens fünfzig Prozent …«

Döllis Klappe ist größer als die eines jeden Altkleidercontainers. Und wenn sein von Selbstzweifeln befreiter Bariton einen Witz erzählt, hören wir ihm automatisch zu. Und lachen, wenn wir lachen sollen. Erst recht natürlich heute, weil wir gerade gemeinsam was gerissen haben. Einen 4:1-Sieg. Mit vier Buden von Dölli. Wann hat es das zum letzten Mal gegeben?

»War mir aber klar, dass es nur eine Frage der Zeit sein kann, bis wir wieder gewinnen. Wenn wir alle unser Potenzial abrufen und Uwe uns nicht mit seinen Anweisungen verwirrt, sondern einfach machen lässt, dann schnurrt das Kätzchen. Dann räumen Kai, Chris und Martin hinten ab, was nicht bei drei freiwillig den Ball hergibt. Dann verlagern Ole und Flasher das Spiel, als würden sie den Shuttleservice für eine Diätmesse organisieren. Dann lasern Riu und Harry ihre Bananenflanken in den Strafraum, dass sie als unbekannte Flugobjekte im ›Flight Radar‹ auftauchen. Und ich erledige den Rest.«

Alle hören mit breitem Grinsen zu. Und dann zicke zacke, zicke zacke. Die Jungs grölen, und die Stollen und Schienbeinschoner wummern im Turbostakkato gegen den Fliesenboden.

»Wie ich immer sage: Ihr wisst ja, wo ihr mich findet. Die Pille einfach in meine Umlaufbahn bringen, dann stelle ich das Paket schon zu. Ich kann schließlich mit rechts, links, Köpfchen – und die ganze Nacht!« Stimmung wie beim Karneval. Dölli ist Prinz und Büttenredner zugleich. Vier Buden.

Bevor das hier endgültig zur Martin-Döllberger-One-Man-Show wird, schmeiße ich lieber schnell noch ein paar Granaten ins Feuer und schalte eine Ansage hinterher: »Jungs, Zeit für etwas Poesie! Der kluge Mensch, so glaubt es mir, der redet nicht und trinkt sein Bier. Prost!« Dölli ist ein bisschen beleidigt, dass ich ihm in die Parade fahre. War grad so schön dabei, sein Ding zu machen, der Vogel. Vier Buden!

Es liegt ihm aber auch im Blut. Das war schon immer so. Der arbeitet, seit ich ihn kenne, nach der guten alten Staubsaugervertreter-Mentalität: immer wieder klingeln, immer wieder versuchen, einen unterzubringen. Irgendwann geht die Tür von alleine auf und dann: Döllberger! Laut, richtig laut. Wie eine Fanfare, wie ein Nebelhorn. Wie ein verdammtes Rockkonzert. Nur dass er keine Staubsauger verkauft, sondern Tore zustellt. So wie heute. Vier Buden!

Dabei ging es nicht besonders gut los. Sommerregen den ganzen Morgen über.

»Das ist vielleicht Fritz Walter sein Wetter. Unser Wetter

ist es nicht«, sagte Kai noch, als sich die ganze Mannschaft die obligatorische Stunde vor Spielbeginn in der Kabine versammelt hatte.

»Da können die Grätschen Spaß machen, wie sie wollen: Wenn der Boden so tief ist, dass sich jeder Schritt wie der Ausstieg aus einer Fangopackung anfühlt …«

Dann hat er seinen Mund gehalten. Ist schließlich ein Anständiger, der Kai. Weiß schon jeder, was er meint. Kai macht lieber, als dass er darüber redet. Und das wird auch immer so bleiben. Genauso wie er immer den Libero geben wird. Da kann Uwe noch so viel von Abwehrketten träumen. Kai ist Kai, ist und bleibt Libero und ein Mann der Tat. Und das ist auch verdammt gut so. Nicht so gut war: Auch Hotte sah vor dem Spiel nicht sonderlich glücklich aus. Vielleicht war er auch einfach nur um seinen Platz besorgt. Jedenfalls sagte er: »Jungs, ich bin noch mal drübergegangen. Sieht nicht gut aus.«

Dölli antwortete ihm: »Mach dir keine Sorgen. Wirkt doch wie immer, deine Frisur.«

Auf dem Platz verging aber auch ihm schnell das Lachen. Anstoß, ich hatte noch gar nicht richtig auf der Ersatzbank Platz genommen, da gerieten wir schon unter Dauerfeuer. Der Schiedsrichter tat sein Übriges dazu. Jede halbwegs strittige Entscheidung fiel gegen uns. Und in der 11. Minute dann auch noch Elfmeter.

»Das habe ich selbst aus achtzig Metern ganz klar gesehen, dass das kein Handspiel war«, hat Dölli schon in der Halbzeit gesagt.

Auch wenn Martin auf Reue machte. »Schwer zu sehen für den Schiedsrichter, nehme ich auf meine Kappe. Da muss ich einfach wegbleiben.« Der Typ redet wie ein Sprachcomputer. War niemals ein Handspiel, meine Meinung. Aber der Schiedsrichter sieht ja selbst aus wie eine optische Täuschung. Was will man von dem anderes erwarten?

Der Elfer jedenfalls saß, und wir liefen erst mal dem Rückstand hinterher. Schon wieder. Aber irgendwas war diesmal anders. Irgendwas passierte da draußen. Und spätestens, als selbst Harry, unser Weichei und Vizekapitän, auf Höhe der Mittellinie zur Todesgrätsche ansetzte, ging ein Ruck durch die Truppe. Plötzlich stand die komplette gegnerische Mannschaft um ihn herum, die versammelte Ersatzbank dazu, und alle schrien auf ihn ein.

»Wir müssen doch morgen alle wieder arbeiten!« Doch Harry gab sich souverän wie nie, schüttelte diese Jahreshauptversammlung der Deppen ab wie eine Delegation halbstarker Fruchtfliegen und gab ihnen, der Welt und den Seinen zu verstehen: Hier geht für euch heute gar nichts. Original mal gar nichts. Unser Haus, unsere Regeln. Da könnt ihr noch so sehr wie die Waschweiber am Zuber der Wut schrubben – uns macht das nichts. Wenn du so was siehst, dann wirst du unschlagbar.

Und plötzlich ging alles wie von selbst. 18. Minute: Flanke von Riu, und das Ding küsst kurz den Moment und dann Döllis rechte Schläfe. Ausgleich, 1:1. Auch wir von der Ersatzbank alle ab zur Eckfahne. Drei Sekunden später liegt Riu auf Döllis Schultern, brüllt ihm ins Ohr und ins Gewissen: »So, genau so! Jetzt haben wir sie!«

So enthemmt habe ich Riu noch nie erlebt. Wenn der einem »Tach« noch ein »Wie geht's?« folgen lässt, hat er schon Sprechstunde. Noch so ein Zeichen. Da geht heute was. Alles geht da.

Drei Minuten später die Führung. Kai eröffnet mit dem ganz langen Holz von hinten raus. »Wenn die alte Schule 'ne gute

Schule ist, bleibt sie ’ne gute Schule«, sagt er immer. Also Briefmarke drauf und ab dafür. Als Dölli die Situation überblickt, steht er zum Glück und ganz zufällig auf dem Fuß seines Gegenspielers. Der entscheidende Meter Vorsprung. Dölli ist vielleicht nicht der Schnellste. Aber wenn du ihn richtig schickst, wird er zum Torpedo. Also pflückt er die Pille vom Himmel, nimmt sie mit, und dann hat er nur noch Wiese und eine arme Sau vor sich – den gegnerischen Torhüter. Der dann auch bekommt, was ihm zusteht: einen Bolzenschuss, direkt am Großhirn vorbei. Eigentlich schade, dass es davon keine Zeitlupe gibt. Dem Torhüter wird die Szene noch ein paar Nächte im Traum erscheinen. Das allein zählt. Und ich kenne Döllis Geschosse zur Genüge aus dem Training. Da bleibst du auch gut und gern mal weg, wenn dir nicht ganz egal ist, was aus deinem Gesicht wird.

Die Mannschaft spielt sich in einen kleinen Rausch. Alles klappt. Sogar Doppelpässe. Also, die beabsichtigten. Das habe ich zuletzt im Training gesehen. An der Playstation. Die Jungs rennen sich die Lungen aus dem Leib. Und sie schreien sich die Lungen aus dem Leib, so sehr coachen sie sich gegenseitig, so sehr feuern sie sich an. Geil. Was für eine Schlacht. Was für eine Truppe. Selbst der Schiedsrichter scheint irgendwann beeindruckt von der Vorstellung. Die Fehlentscheidungen werden von Minute zu Minute weniger. Vielleicht kommt er auch einfach nicht mehr hinterher. Bei unserem Tempo.

In der Halbzeitpause geht Trainer Uwe aus sich heraus, als wäre er als Kind in den Zaubertrank gefallen: »Männer! So! Genau so! Die können nix! Nix können die! Wir müssen jetzt nur noch den Deckel draufmachen. Die verstehen doch selbst nicht, warum sie bei unseren Kombinationen nur zwei Buden gefangen haben. Also: einfach weitermachen und geil sein, Männer, geil sein! Und Dölli«, er schaut ihn an, als würden wir gleich die Normandie stürmen und er wäre sein wichtigster Mann, »Dölli, anbieten! Immer wieder anbieten!« Dölli nickt nur stumm. Kein schlechter Scherz, kein Konter. Einfach nur ein Nicken. Der Mann ist heiß. Wir alle sind heiß. Selbst ich gehe zurück zur Ersatzbank, als wäre es kriegsentscheidend, den Rasen wissen zu lassen, dass hier ein Mann kommt, der zu allem bereit ist. Wie Michael Douglas in Falling Down.

Die zweite Halbzeit beginnt, wie die erste endete. Die Mannschaft spielt Fußball, richtigen Fußball. Die paar Zuschauer, die dem Spektakel beiwohnen, klatschen sich ihre Hände wund. Immer wieder Szenenapplaus. Hier eine Grätsche aus dem Lehrbuch. Da eine Finte. Dort ein Pass in die Gasse, die kurz zuvor selbst noch nicht wusste, dass es sie gibt.

In der 60. Minute lässt sich schließlich auch der feine Herr Präsident an der Seitenlinie blicken. Hatte noch einen Termin, der Günter. Brünett, dreißig Jahre jünger und mit Einkaufsgutscheinen von H&M zu begeistern, schätze ich mal. Günters Lieblingstermin der Woche. Hinter der Ersatzbank begrüßt er Platzwart Hotte wortlos per Handschlag.

»Und, wie hoch?«

»Zwei zu eins«, sagt Hotte.

»Scheiße«, sagt Günter.

»Nee, Chef, für uns«, sagt Hotte.

»Nee!?«, sagt Günter und schiebt hinterher: »Wer?«

»Der Dölli, doppelt«, sagt Hotte.

»Weiter so, Jungs«, brüllt Günter auf den Platz, schon auf dem Vormarsch zu seinem Liebling Uwe. Der tigert an der Seitenlinie entlang, als wäre gleich Freigang. Günter nähert sich bedächtiger, schiebt seinen Brocken von Körper an Uwe heran, bis er nah genug ist, um ihn mit ruckartiger Bestimmtheit am Arm zu packen. Dann flüstert er mehr, als dass er spricht, ganz konspirativ: »Und, Uwe, wie läuft's?!«

Der blickt nur für einen kurzen Augenblick zur Seite, als müsste er sich lediglich dieses einen Prozents restversichern, dass ihn sein Ohr nicht trügt, dass es Günter ist, der zu ihm spricht. Dabei weiß er das genau, denn sonst traut sich das niemand während eines Spiels. Das mag er nämlich nicht, der Uwe. Da ist er eigen. Und das wissen wir auch. Bis auf Günter. Der will von so etwas nichts wissen. Der muss so etwas auch nicht wissen. Denn die Regeln macht immer noch er.

Uwe starrt weiter auf das Spielgeschehen, jederzeit zum Sprung bereit, nur leicht auf den Zehen wippend. »Läuft«, sagt er dann schließlich zu Günter, »läuft. Müssen nur nachlegen, die Jungs. Müssen sich nur belohnen.«

»Gut, mein Junge, gut«, sagt Günter, tätschelt ihm den Arm, den er eben noch festhielt, als wäre seine Hand ein Schraubstock. Seine Augen wandern schon weiter. Immer auf der Suche nach jemandem, dessen Hand es zu schütteln gilt.

Auf dem Rasen folgt weiter Angriff auf Angriff. Uwe schreit: »Verdichten, Männer, verdichten!« Irgendwas muss er ja sagen. Dabei weiß er selbst zu gut, dass ihn niemand hört. Aber er kann sich nicht helfen. Ich höre mich auch immer wieder schreien: »Drauf!!! Drauf!!!«

Und irgendwie zeigt es Wirkung. 67. Minute, 3:1. Kai ist mit nach vorne gekommen, hat sich weit ins Mittelfeld vorgeschoben, schiebt alle anderen mit an. Spielt auf Flasher, der auf Ole, zurück auf Flasher. Das reinste Tikitaka. Der A-Jugendliche, dessen Namen ich mir nicht merken kann und der seit ein paar Wochen aushelfen muss, weil ein paar der Jungs »verletzt« sind, startet tief, wird zwar von Flasher übersehen, aber von der Abwehr übernommen und bindet zwei Mann. Martin steht blank, bekommt den Ball und hebt ihn butterweich in den Strafraum zu Ole. Brustannahme, Drehung, Absatzkick. Und dann Dölli, zentral am Fünfer, hält nur noch den Fuß hin. Stellt sein nächstes Torpaket zu. *Ding dong*. Hattrick. Abdrehen. Feldherrenpose.

Dann wird er begraben. Von einer Jubeltraube. Vom Glück. Wie leicht sich zehn aufeinanderliegende Männer anfühlen können. An der Seitenlinie versucht sich Uwe an einem neuen Weltrekord im »Aus-dem-Stand-Hochsprung-mit-Doppelfaust-in-die-Luft-Boxen«. Als er die Fassung zurückgewinnt, steht er zwanzig Meter im Feld. Immerhin der hochgestellte Kragen seines Poloshirts behält die Contenance. Ich bleibe sitzen. Man muss lernen, sich seine Energie einzuteilen. Aber ich spüre: Ich bin heute Teil von etwas ganz Großem.

»Jetzt nicht nachlassen, Jungs«, brüllt Uwe den Jungs zu.

»Jetzt nicht nachlassen, Männer«, brüllen sie sich gegenseitig zu.

Und sie nehmen sich beim Wort. Gehen weiter drauf, als müssten sie einen Drei-Tore-Rückstand aufholen. Lassen die Kugel laufen, als wären sie ein Mann mehr. Und laufen selbst, als ginge es darum, den verdammten größten Preis der Welt zu gewinnen. Den, der sie alle erlösen wird.

Zeitgleich startet auf der Gegengerade, auf dem Steinplattenweg hinter dem Geländer, der Partyzug des TSV. »Auf geht's, Jungs, schießt ein Tor für uns«, brüllen die TSV-Ultras. Ein paar Spätpubertierende, die zu früh das Biertrinken für sich entdeckt haben. Nachdem Martin ein Sprintduell verloren geben muss, der Ball anschließend aber ohnehin ins Seitenaus trudelt, singen sie: »Martin hat's gesehen, Martin hat's gesehen, Martin, Martin, Martin hat's gesehen.« Der findet das weitaus weniger komisch als der Knabenchor zu seinen Ehren. Happening ist für ihn nur eine Stadt in China.

Zum Glück lässt sich die Mannschaft von der Halligalli-Atmosphäre der Spaßfraktion nicht anstecken, sie spielt weiter konzentriert am Limit ihrer Möglichkeiten. Eigentlich weit darüber hinaus. Martin klatscht trotzdem alle paar Minuten aufmunternd in die Hände, immer wieder und in den einfachsten Satzkonstruktionen »Männer, ...« rufend. Ein echter Kapitän eben. »Männer, giftig bleiben!«, »Männer, dranbleiben!«, »Männer, weiter!«

Und sie machen weiter. Immer weiter. Sie erspielen sich Chance um Chance. Allein Dölli hätte längst einen Lewandowski machen können, wie wir zu einem Fünferpack sagen. Immerhin lässt er in der 79. Minute das 4:1 folgen.

Eckball Harry. Der seine Sache vor der Ausführung mal wieder ganz genau nimmt. Ein paar Grasbüschel zupfen. Das Ventil des Balls nach oben legen. Dann drei Schritte zurück, Arm in die Höhe. Die Jungs denken, er zeigt damit die Variante an, die er zu spielen beabsichtigt. Dabei hebt er immer einen Arm in die Höhe. Im festen Glauben, dass die Jungs wissen, was er ihnen sagen will. Dass er anläuft, wenn sein Arm zu Boden sinkt. Dämliches Missverständnis. Ich habe mehrfach versucht, es aufzuklären. Aber dann heißt es: »Schnecki, kümmer dich um dein Bier. Also um unser Bier.« Ist aber auch egal. Denn: Es würde bei Harrys Ecken keinen Unterschied machen. Er hat keine Varianten auf Lager. Seine Ecken haben einfach nur eine höhere Streuung als ein Räumfahrzeug im Winterdienst. Aber sie sind sein Metier. Das war schon immer so. Seit er vor Jahren mal gesagt hat: »Die Ecken sind mein Metier.«

Eckball also. Der Arm fällt, Harry läuft an und legt alles hinein. Nix da Innenseite, nix da Gefühl. Vollspann! Und der Ball zischt nur so davon, als hätte ihm Tiger Woods mit dem Driver die Sporen gegeben. Fast hat es den Anschein, als würde der Ball immer höher steigen, dem Himmel entgegen. Doch dann kollidieren Welten. Döllis Entschlossenheit kommt dem Eckball am kurzen Pfosten entgegengeflogen, wo er ihn nur leicht tuschieren muss, 4:1 durch Dölli. Vier Buden!

Nun keine Ekstase mehr. Eher Erleichterung. Keine Menschentraube. Dafür Beckerfäuste und aufeinandergepresste Kiefer. Das war's. Das muss es gewesen sein. Das ist es dann auch. Mehr passiert nicht. Uwe wechselt noch dreimal aus. Schließlich sind alle wichtig, nicht nur die elf Mann, die von Beginn an spielen dürfen. Das kann er jetzt beweisen. Fällt beim Stand von 4:1 natürlich auch leichter. Ich bleibe draußen. Schließlich wechselt niemand den Torhüter aus. Nicht mal Uwe. Dann pfeift der Schiedsrichter seinen Schlussakkord.

Die Ultras, die uns vor dem Spiel noch auf Facebook gedroht hatten »Eine Niederlage wird Sequenzen nach sich ziehen«, singen »So ein Tag, so wunderschön wie heute«. Uwe klatscht mit jedem ab, der auch nur entfernt etwas mit dem Gegner zu tun haben könnte. »Gutes Spiel«, raunt er ihnen zu und meint doch nur sich selbst. Die Jungs, deren Familien unter den Zuschauern sind, schlurfen freudestrahlend an den Seitenrand. Dölli rennt wie aufgedreht von Mitspieler zu Mitspieler, springt auf ihre Rücken und in ihre Seiten, immer nur ein Wort grölend: »Geil!!!« Dann blinzelt er der kleinen Blonden von der Tankstelle zu.

Hotte ist längst in seinem Schuppen verschwunden, vermutlich, um eine zu rauchen auf die Aufregung und um das Werkzeug zurechtzulegen. »Nach dem Spiel ist vor dem Spiel«, sagt er immer. Günter ist längst wie vom Erdboden verschluckt. Termine. Aber nicht, ohne Uwe noch eine SMS geschrieben zu haben, die der Trainer später vor versammelter Truppe verliest: »Jawoll!! Gut gemacht!! Hinten kackt die Ente! Wir packen das! Gruß an die Jungs!« Und nicht, ohne bei Gitte und Archie in der Vereinskneipe eine Ansage gemacht zu haben: »Die erste Runde geht auf Günter, hat er gesagt. Ach komm, macht drei draus, hat er gesagt. Aber, hat er gesagt, passt mir auf, dass die Jungs nicht übertreiben!«

In der Kabine hüpfen alle halb nackt herum und singen: »So sehen Sieger aus!« Genau, scheint sich Dölli zu denken. Ich werfe ihm eine Granate zu. Und dann: Explosion.

8.

Ich als Verein muss handeln

Montag, 21:17 Uhr: Im Vereinsheim ist es so ruhig, man könnte eine 16er Alustolle fallen hören. Hoffnung riecht hier nach Gurkenwasser und abgestandenem Bier. Es gilt, alle Energien zu bündeln – und zu warten auf den Präsidenten des TSV. Trainer Uwe sitzt kerzengerade auf seinem Stuhl und klebt heimlich Kaugummi unter den Holztisch.

»Wo ein Wille ist, aber kein Weg, ist der Unfall vorprogrammiert«, hätte ich noch vor einer Woche gesagt. Und plötzlich gewinnen wir. Ich kann es selbst noch gar nicht richtig fassen. Auch wenn ich es im Grunde immer wusste: Plötzlich können die Jungs richtig Fußball spielen. Trotzdem sitze ich jetzt in diesem Mief, im einzigen Büro, das unser Verein hat, das gefühlt drei Quadratmeter groß ist, nun aber fünf Leute in sich aufnehmen muss, weil: Präsidiumssitzung. Genauer gesagt: Noch keine Präsidiumssitzung, denn der wichtigste Mann lässt noch auf sich warten, der Präsident. Günter fehlt.

Und bevor er, der Mäzen, der Präsident, der, ohne den nichts geht im Verein, dort ankommt, wo vor ihm nichts war, nicht mal eine verdammte Schreibmaschine, hört man ihn schon. Als wäre er nicht ohnehin schon omnipräsent. Günter hier, Günter da, Günter überall. Der Stahlhändler. Der Sponsor. Der Präsident. Der Kapitän der Alten Herren. Viele Tore hat er nicht gemacht. Das Knie. Oder doch der Rücken? Irgendwas ist ja immer. Die Zeit ist knapp. Aber es ist doch ein schöner Zufall, dass ausgerechnet dann, als Günter doch einmal auflief, ein Fotograf vor Ort war, um eines seiner seltenen Tore auf Zelluloid festzuhalten. Und wenn man schon mal so ein schönes Bild hat, kann man es auch gleich rahmen und ins Vereinsheim hängen. Und gleich noch einen Abzug davon in die Vereinswirtschaft. Mit Widmung, Ehrensache.

Günter ist immer überall. Ein Blick in die Lokalzeitung genügt. Da sieht er einem von allen Seiten entgegen, von unscharfen Fotos. Für die Ewigkeit einer Provinz. Günter, der die Preise der Heimspiel-Tombola unseres Vereins verleiht. Günter, der auf der Regionaltagung des deutschen Mittelstandes davor warnt, das Rückgrat der deutschen Wirtschaft herzuschenken. Günter beim Schützenfest. Und erst wenn man sich denkt, ganz schön viel Günter, dann stellt man fest, dass das alles an ein und demselben Tag stattfand. Das muss ich ihm lassen: ganz schönes Pensum, das er da abreißt.

Und bevor Günter kommt, fassen wir Mut. »Mal wieder typisch Präsi«, sage ich in die Runde. »Für einundzwanzig Uhr ist die Sitzung angesetzt. Und wer kommt als Einziger nicht pünktlich?! Das ist auch eine Frage des Respekts uns gegenüber. Das werde ich ihm nachher auch genau so sagen.«

Werde ich nicht. Ich weiß es. Jeder hier weiß es, deswegen antwortet auch niemand.

Dann kommt er endlich und geht gleich in medias res. Fragt: »Warum habt ihr nicht schon ohne mich angefangen?« Und das Lächeln, das er zeitgleich in den Raum wirft, verrät die Antwort: Weil es ohne ihn nicht geht. Der TSV ist die Günter-Show. Weil das immer und überall so ist, wo Günter auftaucht.

»Freunde. Fantastisches Ergebnis am Wochenende. Das sah doch endlich mal nach Fußball aus! Das ist es, was in der Truppe steckt. Das ist ihr wahres Gesicht! Und trotzdem und immer noch: Es sieht nicht gut aus, der Abstieg droht uns nach wie vor. Wir alle hatten uns das anders vorgestellt. Ich hatte mir das anders vorgestellt. Ihr wisst, auf lange Sicht sehe ich den Klub als dritte Kraft in der Region. Dafür müssen wir nicht in den Profibereich. Auch wenn ich uns das durchaus zutraue. Aber die fünfte Liga ist ein realistisches Ziel. Nur, Kollegen, wenn wir das schaffen wollen, wenn WIR DAS schaffen wollen, dann dürfen wir jetzt auf keinen, auf GAR KEINEN Fall absteigen. Das würde unser Engagement, das würde mein Engagement um Jahre zurückwerfen. Und auch ich kann nicht ohne Unterlass Geld in den Verein pumpen. Irgendwann muss auch mal was zurückkommen.«

Der Auftakt ist gemacht. Zeit, die Anwesenden nachspüren zu lassen, worum es heute geht. Die Tagesordnungspunkte bisher: Erstens. Ohne Günter geht gar nichts. Zweitens. Günter ist nicht zufrieden. Drittens. Günter verlangt, dass man ihn jetzt, in dieser für Günter so schweren Zeit, bedingungslos unterstützt. Ihm also nicht widerspricht.

Nichts leichter als das. Ich will eigentlich nur noch nach Hause. Ich weiß auch gar nicht, was ich hier soll. Schon aus den vergangenen Vorstandssitzungen haben wir keine Konsequenzen gezogen.

Auch das Neonlicht ist müde. Die vier Röhren würden gern für immer schlafen, so blass scheinen sie in den Raum. Aber sie müssen noch wach bleiben. Wie wir. Vor uns auf dem Tisch warten die auf einem Teller drapierten Brötchenhälften auf ihren baldigen Tod. An seinen Rändern wellt sich der Käse ergeben in Richtung Himmel.

Günter greift trotzdem zu. Ein beherzter Biss, mehr Schlingen als Kauen, und schon ist das Thema gegessen. War doch noch genug Gutes dran, würde Günter sagen. Alles eine Kosten-Nutzen-Frage.

Weiter geht's: »Wir als Vereinsführung haben im Laufe der Saison vieles versucht. Wir haben die Jungs machen lassen. Wir haben ihnen ins Gewissen geredet. Wir haben sie mit Prämien gelockt. Wir haben dir, Uwe, die Pistole auf die Brust gesetzt. Ach was, eine Panzerfaust. Aber an dir liegt es nicht. Du bist und bleibst unser Mann. Das weiß ich, das wissen wir alle«, sagt Günter.

Ich bin so etwas wie seine Achillesferse. Bei mir setzt Günter, der den Menschen so gern ein Wolf ist, der so gerne verschlingt, einfach aus. Einen Narren hat er an mir gefressen. Wenn Günter auf mich zu sprechen kommt, ganz egal, ob ich dabei bin oder nicht, durchlebt er eine Metamorphose der Rührung. Als spräche er über seinen eigenen Sohn. Mit dem Unterschied, dass Günter über seinen tatsächlichen Sohn niemals auch nur im Ansatz mit gleicher Rührung spricht. »Der Junge kommt nach seiner Mutter«, sagt Günter. Der Junge kann nix, meint Günter.

Wenn es um mich geht, klingt das ganz anders. Ich war ja selbst mal Kicker. Ein ziemlich passabler Kicker. So viel darf ich wohl sagen. Zweite Liga. »Auf der ZEHN, als das noch etwas bedeutete«, sagt Günter. Und: »Uwe war ein Genie!« Heimspiel für Heimspiel kam er ins Stadion, nur um mich spielen zu sehen. Das hat er mir vor meiner Verpflichtung als Trainer erzählt. Damit hat er mir natürlich imponiert. Der Mann ist ein Menschenfänger. Dass er auch kam, um Moni zu sehen, die hinterm VIP-Tresen arbeitete, habe ich erst wesentlich später erfahren. Irgendwann hat er uns beide bekommen.

Damals hatte Günter gerade den Betrieb seines Vaters übernommen. Schwere Zeiten. Die erste Generation gründet den Betrieb und bringt ihn nach oben, die zweite Generation verwaltet den Wohlstand, und die dritte Generation, fährt das Ding gegen die Wand. Alte Familienbetriebsregel. Aber nicht mit Günter, dem Ehrenretter der dritten Generation.

Denn einfach kann jeder. Denkt er. Er kann alles. Denkt er. Und, so scheint mir manchmal, allein deswegen klappt es meistens auch, was sich Günter in den Kopf gesetzt hat. Einfach, weil er denkt, dass es klappen wird. Auch wenn man das eigentlich keinem Menschen, dem man alles Gute wünscht, wünschen darf: Aber manchmal hätte ich nichts dagegen, meine Jungs wären alle ein bisschen mehr Günter.

Denn der ackert wie ein Blöder. Günter war nicht billiger als die Konkurrenz. Günter war nicht innovativer als die Konkurrenz. Günter war in nichts wirklich besser. So wie meine Jungs.

Aber Günter ließ sich überall blicken und mischte überall mit. Und irgendwann war es so weit, dass die Kunden von allein zu ihm kamen. »Das machen wir mit dem Günter«, hieß es dann, »auf den ist Verlass.« Und weil mit der Zeit nicht nur ein paar Krümel vom Kuchen hängen blieben, sondern mächtig viele Krümel fast eine Torte ergaben, fragte ihn die Vereinsführung, ob er sich nicht vorstellen könne, ein bisschen davon zu investieren.

»Über kurz oder lang wollen wir aufsteigen, spätestens dann wäre der TSV ein optimaler Werbeträger für dich und deine Firma! Wir müssen zwar erst mal eine kleine Durststrecke überwinden. Aber dann ... Und du, Günter, bist doch ein Fußballfan. Und so verbunden mit der Gemeinde!«

Und es stimmte. Er war ein wirklicher Fan. »Wenn ich mithelfen kann, wer weiß, vielleicht wird das mit dem Aufstieg ja tatsächlich was«, sagte Günter. Das war natürlich Quatsch. Denn er dachte: »Wenn ich das Sagen habe, wird das zu einhundert Prozent was mit den Aufstiegen.«

Also wurde er der neue Präsident. Zwei Jahre später schmiss mein Vorgänger als Trainer hin. Höhere Ziele, Luftveränderung, neue Herausforderung. Alles Ausreden. Alle anderen Trainer, die infrage kamen, hatten ihre Vor- und Nachteile. Und ein Problem: Sie waren nicht ich. Ein Exprofi, der seine Karriere zwar längst beendet hatte, dessen Name aber noch immer einige Türen öffnen konnte. Mal mehr, mal weniger erfolgreich. Ich muss gestehen: Ich war nie ein großer Kämpfer. Ich war einer, der sich wohlfühlen musste. Der das Vertrauen seiner Trainer und Vorgesetzten spüren musste, jeden Tag, jeden Augenblick.

Jedenfalls tauchte ich auf genau einem Zettel auf, als es beim TSV darum ging, die Namen der Favoriten für die Trainernachfolge in den Ring zu werfen. Auf Günters Zettel. Er musste damals noch richtig liefern, wenn er etwas gegen alle Widerstände durchsetzen wollte. Nicht wie heute, da längst alle verstanden haben, wer hier die Entscheidungen trifft.

Und wer in einer Tennismannschaft mit dem Bürgermeister und dem Direktor der Sparkasse spielt. Das weiß ich, weil Günter mir das oft genug erzählt hat.

Also warb er für mich, angeblich mit den Worten: »Der Junge ist ein Genie! Ihr alle wisst ja, dass er zweite Liga gespielt hat. Er hätte noch höher spielen können. Bei seinem Talent! Sie haben nur nicht genug an ihn geglaubt, sie haben ihn nicht bedingungslos unterstützt. Hätten sie das getan – und das hätten sie mal besser tun sollen –, hätten sie ihn für eine Millionensumme verkaufen können. Nach Italien. Oder zumindest in die Türkei. Lasst uns nicht den Fehler machen, den die Konkurrenz macht. Denn darum geht es doch: Potenziale dort zu erkennen, wo sie unsere Gegner nicht erkennen. Um dann am Mehrwert unserer Überzeugung zu verdienen. Ich garantiere euch: Mit Uwe geht es in diesem Verein nur in eine Richtung – nach oben. Er wird Spieler anlocken, die bislang höchstens beim Schützenfest auf unseren Rasen pinkeln würden. Aber all das funktioniert nur, wenn wir an ihn glauben. Und ich glaube an ihn. So sehr, dass ich den Etat nochmals mit zehn Prozent unterfüttern werde, sollte Uwe kommen.«

So bin ich zum Verein gekommen. Und dann passierte erst mal nichts. Und das blieb bis heute so. »Junge, kriegen wir das hin?«, hat er mich vor ein paar Wochen gefragt. Ich bin gar nicht dazu gekommen zu antworten. Da fing Günter wieder an. Erzählte von früher. Von der einzigen Sentimentalität, die Günter sich in seinem ansonsten so durchrationalisierten Leben leistet: »Weißt du noch, Uwe? Letzter Spieltag 2005, letzte Minute. Es ging um den Klassenerhalt. Du hast neunundachtzig Minuten auf die Socken bekommen. Aber sie haben dich nicht kleingekriegt. Ganz im Gegenteil, sie haben dich wütend gemacht. 90. Minute, Freistoß, die Mauer steht viel zu weit vorn. Dir egal. Du haust das Ding in den Winkel. *Bäm!*«

»*Bäm*«, sagte auch ich. Viel leiser allerdings.

»Oder, Uwe?« Günters Organ reißt mich aus den Gedanken. Unter den Neonröhren staut sich verbrauchte Luft. Auch sie wartet. Darauf, dass etwas passiert, das sie zerschneiden möge. »Jedenfalls haben wir alles versucht, was zum jetzigen Zeitpunkt in unserer Macht stand«, wiederholt sich Günter. Müdes Kopfnicken. »Jetzt ist uns die Zeit ausgegangen, uns fehlen die Möglichkeiten. Was bleibt noch zu tun? Wo können wir den Hebel noch ansetzen?« Günter pausiert. Der Teller auf dem Tisch ist leer. Nur noch ein Gürkchen. Ich und das Gürkchen: Die Einzigen, mit denen hier noch etwas anzufangen ist, scheint sich Günter zu denken. Und dann schnappt er sich das Gürkchen, und während er hineinbeißt, setzt er wieder an: »Lasst uns ein Kurztrainingslager organisieren. Donnerstag bis Samstag. Alle Kräfte bündeln, die Mannschaft noch einmal professionell vorbereiten. Meinetwegen auch einen Psychologen engagieren. Irgendetwas, das unsere letzten Energien freisetzt und der Truppe klarmacht, um was es hier geht. Was sagen die Finanzen?«

Und Günter weiß, was die Finanzen sagen, er kann sie förmlich schreien hören: »Die Finanzen sagen, dass du löhnen musst, Günter. Wie immer. Was sonst?«

Dann übernimmt Jan das Wort. Jan ist Lehrer, Sportlehrer, und hat auch sonst nicht viel zu tun außerhalb des Vereins. Deshalb kümmert er sich hier um alles, was sonst keiner machen will. Ob man ihn darum bittet oder nicht.

Jan kümmert sich um die Fahrgemeinschaften für die Spiele der Jugendmannschaften, um die Besetzung der Grillstände während der Heimspiele und um alle anfallenden Anschaffungen: Bälle, Trikots, Trinkflaschen. Um die Spielberichte für die Homepage und für die Facebook-Seite des Vereins. Gefällt-mir-Angaben: 203. Die Seiten hat er, Ehrensache, selbst aufgesetzt. Weshalb sie aussehen, als wäre es für immer 2009. Und als wäre das etwas Gutes.

Er kommt schnell zum Punkt: »Ich kenne eine Jugendherberge, da war ich mal mit der Zehnten auf Klassenfahrt. Die liegt etwa eine Stunde von hier. Die haben sogar einen Fußballplatz. Wir nehmen den großen Schlafsaal, das ist auch gut für die Stimmung innerhalb der Mannschaft. Unterm Strich kommen wir dann bestenfalls mit ein paar Hundert Euro für die Übernachtung weg.«

Ehe irgendwer etwas einwenden kann, schneidet Günter dazwischen. Präsidial, wie es ihm zusteht. Entschieden, wie er nun mal ist: »Klingt gut, machen wir so. Die paar Kröten schlucke ich auch noch, da müssen wir gar nicht auf dem Boden der Klubkasse auf Schatzsuche gehen. Uwe, du informierst sofort die Mannschaft. Der Termin ist eine Pflichtveranstaltung für alle. Ich stelle die Bullis für die Anreise.«

Und während das also beschlossen ist, ist er schon mit einem Bein zur Tür hinaus. Alles muss man selber machen, scheint er sich zu denken, da er nach den Autoschlüsseln sucht, um nur ja schnell weiterzukommen, der Abend ist schließlich noch jung. »Der Bürgermeister wartet auf mich«, sagt Günter noch. »Und beim nächsten Mal lasst ihr mir gefälligst ein Brötchen übrig.« Dann ist er weg.

»Äh, war das deine Idee mit dem Trainingslager?«, fragt Jan verdutzt. »Ja, klar. War natürlich alles abgesprochen«, sage ich. Dann zücke ich mein Telefon und reiche Urlaub für die kommende Woche ein.

Die Kreisliga-Abseitsfalle

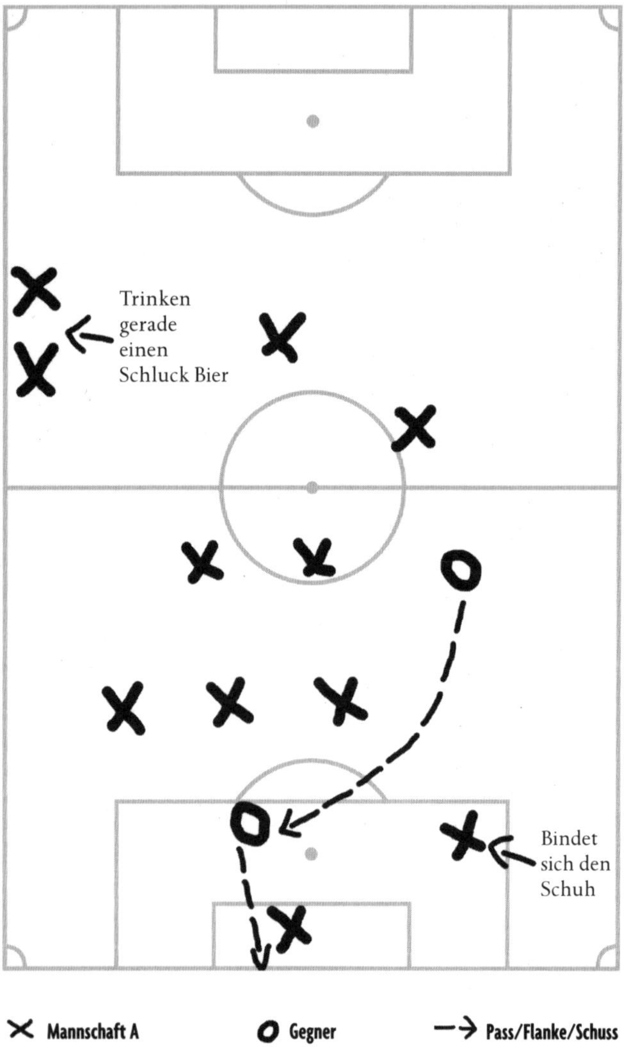

9.

Der Trainer steht teilweise voll hinter mir

Dienstag, 19:46 Uhr: Die Euphorie ist greifbar. Es knistert im Team. Jeder spürt: Da geht noch was. Und so schlurft die Mannschaft heute nicht auf den Trainingsplatz wie in den vergangenen Wochen, sie stolziert. Bauch rein, Brust raus, man ist schließlich wieder wer. Trainer Uwe nimmt sich seinen Mittelfeldjoker Flasher für eine psychologische Sitzung zur Seite.

»Das Problem ist, dass wir alle zu viel wollen«, sage ich zu Uwe. Er hat mich mit diesem Einzelgespräch ein bisschen überrascht. Vor allem, weil er in den vergangenen Wochen immer so getan hat, als wäre ich gar nicht anwesend. Auf einmal ruft er mich zu sich, während sich die anderen warm laufen, und fragt mich nach meiner Meinung. Und während ich mit ihm rede, guckt er mich ganz versonnen an, als würde er einem Song lauschen, den nur er hören kann. Irgendwas mit ganz viel Gefühl. Dann blinzelt er aus seinen Augen, die zu Sehschlitzen verkleinert sind, die manchmal nur noch müde wirken. Müde von der Wahrheit, von der Realität Kreisliga. Er blinzelt, wie es Oliver Kahn immer tat, kurz bevor er eine seiner Weisheiten zum Besten gab. Weisheiten, über die er tausendmal nachgedacht hat und die doch so wirken sollen, als wären sie ihm just in diesem Moment eingefallen: »Flasher, das Problem ist nicht, dass ihr euer Handwerk nicht so gut beherrscht. Das Problem ist, dass ihr nicht daran glaubt, dass ihr es beherrscht.«

Ich weiß nicht mal, ob der Satz wirklich Sinn macht. Geschweige denn, ob er sich auf das bezieht, was ich gerade gesagt habe. Aber so ist Uwe. Irgendwo tief in ihm drin verbirgt sich ein ungehobener Schatz, ein Verständnis vom Fußball, das uns alle besser machen könnte. Das Ding ist nur: Er selbst kann die Schatzkarte nicht lesen. Er gräbt einfach immer auf gut Glück.

Also macht er einfach weiter, immer weiter. Ist ja nur Kreisliga. Und wir sind trotz allem froh, dass wir ihn haben. Wie er den Ball behandelt, ist immer noch erste Sahne. Er pflückt Vierzigmeterbälle runter, als wäre es ein Kinderspiel, mit einem Selbstverständnis, als würde er eine Tiefkühlpizza in den Ofen schieben. Und wir, seine Jungs, seine Männer, scheitern oft schon daran, die Verpackung aufzureißen.

Beim Freistoßtraining zirkelt er Parabelflüge unter das Lattenkreuz, als wäre er die Wiedergeburt einer brasilianischen Spielmacherlegende. »Ist doch ganz einfach«, sagt er und grinst verschmitzt und selig zugleich. Weiß er doch selbst, dass es nicht »ganz einfach« ist, sondern eine gottverdammte Gabe.

Aber so holt er uns am Ende immer wieder ins Boot. Was sollen wir ihm widersprechen, wo er doch solche Sachen kann? Wenn er sie uns nur besser vermitteln könnte. Oder auf Kreisliganiveau anpassen.

So war es schon bei seinem allerersten Training mit uns. Er kam auf den Platz, sagte einfach nur »Tach, ich bin der Uwe« und sonst nichts. Platzierte eine Cola-Dose auf der Querlatte und befahl: »Abschießen.«

Die ersten Jungs versuchten ihr Glück. Dölli ballerte mitten ins Netz, die Dose fiel. Zählte aber nicht, klar. Uwe sagte: »Das ist wie bei den Frauen: Wer Gefühl hat, muss nicht mit Kraft imponieren.«

»Wer ballern kann, braucht kein Gefühl. Hauptsache, drin das Ding«, konterte Dölli, und alle lachten. Auch wenn vermutlich niemand verstand, wie er das genau meinte. Vermutlich nicht mal Dölli selbst.

Dann Chris, Martin und Riu – allesamt vorbei. Schneckis Versuch landete gleich im nächsten Bundesland. Ich hatte gar keinen Bock auf die Nummer, war für mich eh nur Glückssache. Aber kneifen galt nicht. Wollte ja nicht gleich auf anti machen. Also lief ich an, Augen auf die Dose, Augen auf den Ball und *bäm* – Volltreffer.

Die Jungs jauchzten vor Glück. Ich kostete den Moment lieber still aus. Mal sehen, wie der Neue reagiert, dachte ich. Und Uwe reagierte. Gar nicht. Zumindest sagte er nichts. Er ging bedächtigen Schrittes Richtung Tor, stellte die Dose wieder auf die Latte, lief gleichmäßigen Schrittes zurück an die Strafraumkante, zwei Schritte Anlauf und *bäm* – Treffer. Stille. Ein paar Jungs pfiffen anerkennend durch die Backen, während Uwe wieder Richtung Tor lief, die Dose erneut auf die Latte hob und sagte: »Noch mal.«

Und wieder dasselbe Schauspiel. Dölli schnappte sich die Kugel als Erster, rief: »Dann eben mit Gefühl!«, und senste die Kugel weit über das Ziel hinaus. Chris, Martin, Riu und all die anderen probierten sich ebenso erfolglos. Auch mein zweiter Versuch landete im Gebüsch.

Also wieder Zeit für Uwe. Der nur leise und mehr zu sich selbst sagte: »Dann wollen wir mal sehen.« Und wieder: Ball ablegen, zwei Schritte und *bäm* – Treffer.

Erst sehr viel später hat mir jemand erzählt, dass Ernst Happel es an seinem ersten Tag beim HSV genauso gemacht haben soll. Damals sollen nur er und Beckenbauer getroffen haben. Und noch viel später hat Uwe bei einem Mannschaftsabend erzählt, dass er die verdammte Dose vorher noch nie zweimal in Folge vom Pfosten gemäht hatte. Unseren Respekt als Fußballer hatte Uwe so jedenfalls von der ersten Sekunde an.

Aber daran bestand ohnehin nie der leiseste Zweifel. Uwe hat schließlich mal zweite Liga gespielt. Lange her, so lange, dass man den Job als Kreisligatrainer irgendwann nicht mehr nur macht, weil man nicht loslassen kann, oder etwa, weil man Zeit mit jungen Leuten verbringen will, weil das so jung hält. Sondern so lange her, dass man damals einfach nicht genug Geld verdient hat, nicht ausgesorgt hat. Bei Weitem nicht ausgesorgt hat.

Man hört, dass Uwe »locker« das Zeug zum Bundesligaspieler gehabt hätte. Das sagt zumindest unser Präsident, der, kurz bevor Uwe sich bei uns »vorstellte« und die Nummer mit der Dose abzog, in die Kabine kam und schwer am Pathos kratzte: »Jungs, wenn gleich der neue Trainer kommt. Benehmt euch: Das ist ein Guter! Der hat Feenstaub in den Füßen. Da schreit der Ball ›Hossa‹, wenn er gestreichelt wird. Und auch wenn er als Trainer noch nicht die ganz großen Erfolge gefeiert hat – der Uwe versteht sein Handwerk. Von dem könnt ihr viel lernen! Ihr müsst es nur wirklich wollen. Und genau das erwarte ich von euch, dass ihr bereit seid zu lernen. Dann, Männer, dann wird das was. Denn bei allem

Spaß, den wir hier gemeinsam haben wollen: Richtig sexy ist nur der Erfolg. Egal, auf welchem Level. Also: Gebt dem Uwe eine faire Chance.«

Haben wir gemacht. Ist ja auch immer dasselbe: neuer Trainer, neues Glück. Jeder hofft, dass er nun endlich als das wahrgenommen wird, was vermeintlich in ihm steckt: ein Startelfspieler. Am Ende spielten aber doch wieder dieselben. Als wären unsere Vorgänger doch keine parteiischen Pfeifen gewesen, die nur auf ihre Lieblinge setzten.

Zumal Uwe wirklich alles versucht hat. Selbst Demokratie. Nachdem der Saisonstart schon über den Jordan gegangen war, drückte er jedem von uns einen Zettel in die Hand. Einen Fragebogen. Sah aus wie die Bewerbungsmappe an der Volkshochschule Böblingen. Für den Töpferkurs.

»Der Inhalt zählt«, sagt Uwe dann immer. Wenn er mal wieder auf Masse kopiert hat. Wie den Fragebogen. Auf dem wir all unsere Daten eintragen mussten – Körpergröße, Gewicht usw. –, aber auch unsere spielerischen und charakterlichen Stärken und Schwächen.

Das hat unter den Jungs natürlich ordentlich für Gesprächsstoff gesorgt. Oder besser: für Gelächter. Zwei Wochen gab Uwe uns Zeit, den Wisch auszufüllen. Zwei Wochen Zeit, sich auszutauschen.

»Wie, was, Schwächen?«, tönte Dölli.

Während Riu besorgt fragte: »Aber kritikfähig bin ich doch schon, oder?«

Manche haben sich bei den Gesprächen auch komplett rausgehalten. Chris zum Beispiel. Später erzählte er mir, dass er sich wirklich Gedanken gemacht hat über all das.

»Ich glaube, das bringt was«, sagte er.

Mir fehlte dieser Glaube. Soll ich mich im Spiel darauf besinnen, dass ich den Außenristpass, den ich eben noch intuitiv spielen wollte, laut Selbsteinschätzung gar nicht kann? Wozu soll das gut sein? Genau das habe ich Uwe gefragt: »Wozu soll das gut sein?« Hätte ich mir auch schenken können.

Uwe antwortete eher knapp: »Wirst schon sehen.« Auf die Lösung warte ich bis heute.

Es gab auch nie eine Auswertung. Uwe hat die Zettel nach zwei Wochen eingesammelt und gesagt: »Danke, Männer.« Das war's. Nie wieder ein Wort darüber.

Martin hat ihn schließlich darauf angesprochen: »Trainer, was ist eigentlich aus dem Fragebogen geworden?«

»Habe ich mir angeschaut«, sagte Uwe nur. Damit war das Thema für ihn erledigt.

Ein andermal lagen leere Blätter in der Kabine aus. Nach dem Training bat uns Uwe um Ruhe und darum, dass jeder seine Wunschaufstellung niederschreibe. System egal. Und ohne Rücksicht auf Verluste, schließlich seien die Zettel natürlich anonym. Er wolle sich nur ein Bild machen. Wie dieses Bild aussieht, wissen wir bis heute nicht. Vermutlich ziemlich genau so wie unsere Startaufstellung. Am Ende sind wir eben doch alle Realisten. Obwohl: Mich hätte wirklich interessiert, ob Schnecki sich selbst ins Tor gestellt hat. Darüber geredet hat dann aber doch niemand. Schon gar nicht Schnecki. Dabei habe ich ihn sogar gefragt: »Und, Schnecki, mal unter uns: Hast du dich aufgestellt?«

»Alter, frag mich doch so was nicht. Ich bin hier der Ersatzheini, das weißt du doch. Das war schon immer so, und das wird immer so bleiben.«

»Aber glaubst du nicht, du könntest das nicht vielleicht mindestens genauso gut wie Lutz?«

Darauf sagte Schnecki erst mal sehr lange nichts, ehe es aus ihm herausstotterte: »Ist schon okay, Flasher.«

Geholfen hat das alles nichts. Es war einfach nicht unsere Saison. Und Uwe hat es meistens eher geschehen lassen. Am liebsten hätte er vermutlich selbst mitgespielt. Auch wenn wir trotz seines fortgeschrittenen Alters deutlich unter seinem Niveau kicken. Aber das Knie. Ein einziger Problemfall. Dreißig Jahre Fußball hinterlassen eben ihre Spuren. Vor allem, wenn du wie Uwe Spielmacher warst, einer von der feinen Sorte. Die kriegen schließlich immer auf die Socken. Da kann ich selber ein Lied von singen.

»Eine halbe Stunde, dann schwillt das Scheißknie auf Ballgröße an«, sagt Uwe. Also kein Spielertrainer Uwe, dafür ein Trainertrainer. Einer, der in der Winterpause auf die glorreiche Idee kam, eine Dreierkette auszuprobieren. Er hat uns auch alles schön und breit erklärt, inklusive Flipchart. Ich bin mir nur nicht ganz sicher, ob das alle verstanden haben. »Gegnerorientiert verschieben, nicht ballorientiert«, sagte Uwe, und alle nickten. Aber aus der Vogelperspektive muss es auf dem Rasen weniger wie ein 3-5-2 ausgesehen haben. Eher wie ein nasses Wollknäuel.

Ein Kumpel von mir, der fast zu jedem Spiel kommt, vermutlich, weil er sonntags einfach nicht weiß, was er sonst tun soll, hat mir mal gesagt: »Ganz ehrlich, Flasher, ihr spielt doch Manndeckung. Und Kai gibt den Libero. Ganz alte Schule. Jeder deckt einen Mann.«

Vielleicht hätte uns Uwe in der Vorbereitung lieber einmal mehr laufen lassen sollen, statt auf Kurzpassspiel zu setzen. Aber laufen mochte er wohl selbst nie. »Was wir mit dem Ball machen können, machen wir mit dem Ball«, sagt Uwe. Das Problem ist bei den meisten aber eben genau der Ball – und erst an zweiter Stelle der Gegner.

Es ist ja nicht so, dass Uwe uns nicht gut vorbereitet. Er hat tatsächlich vor jedem Spiel einen Matchplan. »Ich habe die zweimal gesehen, Jungs«, sagt er immer. Und ich frage mich, wann er das macht. Ober er wirklich den Gegner beobachtet. Wo der doch jedes Wochenende bei uns an der Seitenlinie steht. Aber er weiß schließlich immer etwas Überzeugendes zu sagen: »Der Neuner von denen, der spielt nur mit dem Rücken zum Tor, und dann dreht er sich mit Vorliebe nach links ein. Da müsst ihr dranbleiben, auch mal antizipieren.«

Leider drehte sich der verdammte Neuner dieses eine Mal doch nach rechts weg. Antizipiert hat das dann niemand. Auch Uwe nicht.

Das Ding ist: Wir alle mögen Uwe. Er ist eine ehrliche Haut, ein Fußballer eben. Und was für einer. Der Respekt vor seinem Können war auch nach den sieben Niederlagen am Saisonstart ungebrochen. Und womöglich ist es auch zu viel verlangt, dass einer mit dem bisschen Training aus einer Mannschaft von Amateuren wahrnehmbar bessere Kicker macht. Da kann er noch so begnadet sein. Wir hätten uns nur gewünscht, dass Uwe uns tatsächlich coacht. Dass er uns im Spiel Anweisungen zuruft. Uns zur Seite nimmt und uns das Feintuning hinter vorgehaltener Hand ins Ohr flüstert. Dass er uns lenkt. Er konnte doch sehen, was schiefläuft. Doch Uwe, der alte Stoiker, blieb stumm. Ab und zu kam mal ein »Gut, Martin« oder »Jawoll, Chris«. Aber eben kein »Geh mit ihm mit! Riu, Rückraum abdecken, einrücken!«. Nichts.

Was auch der Grund für die einzige Krise war, die wir als Mannschaft mit Uwe durchzustehen hatten. Denn irgendwann platzte Martin der Kragen. Ausgerechnet Martin. Der Uwe-Streber. Der, der immer alles abnickt vor lauter Gehorsamkeit. Der, der einem Mantra gleich durch die Kabine brüllt: »Männer, ihr habt gehört, was der Trainer gesagt hat!« Gehört schon. Nur verstanden vielleicht nicht. Und irgendwann kurz nach der Winterpause, als der ganze schöne Plan mit der Dreierkette in eine Drei-Niederlagen-Serie mündete, hat Martin plötzlich widersprochen: »Trainer, du musst aber auch mal was sagen im Spiel! Matchplan schön und gut.«

Da war erst mal Schweigen angesagt. Es konnte schließlich niemand damit rechnen, dass ausgerechnet Martin ausspricht, was wir alle denken. Wir hatten ihm schon alle ins Gewissen geredet: »Martin, du hast doch einen Draht zum Trainer. Red doch mal mit ihm. Er soll mehr mit uns sprechen. Uns lenken. Er sieht das doch alles viel besser von draußen.«

Martin antwortete immer nur: »Wir müssen mehr untereinander sprechen. Wir müssen uns selbst coachen. Uns gegenseitig helfen. Wir sind die Mannschaft. Und der Trainer ist der Trainer.«

Und ebendieser Martin setzte plötzlich zur sanften Revolte an? Unglaublich. Doch nach einer kleinen Ewigkeit begann das große Murmeln.

»Ja«, »stimmt«, »genau«, rumpelte es aus den Mündern.

Und Uwe? Uwe hat nichts gesagt außer: »Okay« Dann ging er ab. Und uns allen stand danach ein großes »Scheiße« auf die Stirn geschrieben. »Scheiße, wir haben Uwe vergrault!«

Vor dem nächsten Spiel, es muss der achte Spieltag gewesen sein, hat Uwe auf seinen Matchplan verzichtet. Hat einfach nur die Aufstellung vorgelesen. Er hätte auch einfach sagen können: »So wie immer, und jetzt geht raus und macht einfach, was ihr immer macht.« Aber Uwe hat elf Namen vorgelesen und gesagt: »Viel Spaß!«

»Wie zynisch das klang«, hat Chris noch zu mir gesagt, als wir schon auf dem Weg nach draußen waren. Keine Ahnung, ob Uwe das überhaupt kann: zynisch sein. Ob er überhaupt eine zynische Ader, eine zynische Ebene hat. Für mich ist er einfach nur der Uwe.

Auf dem Platz dann allerdings passierte etwas vollkommen Unerwartetes. Nach zehn Minuten, wir hielten gegen den Tabellendritten mit Ach und Krach das 0:0, hatten wir Einwurf. Und plötzlich brüllte Uwe über den gesamten Platz, dass es einem Donnerschlag gleichkam: »Riu, tief! Dölli, zwischen die Ketten!« Und Riu zog an der Schnur, hechelte die Linie runter, während sich Dölli wie eine Flipperkugel zwischen Abwehr- und Mittelfeldreihe anbot.

Und von diesem Moment an war Uwe gar nicht mehr zu halten. Als wäre sein Mund bis dahin mit einem bösen Fluch belegt gewesen, der es ihm unmöglich machte, Anweisungen zu geben. Als hätte jemand den Stöpsel gezogen. Plötzlich laberte Uwe wie ein Wasserfall. Stellte uns allen, jedem Einzelnen, immer und immer wieder neue kleine Aufgaben. Und wir waren bemüht, alles richtig zu machen.

Nach vorne ging trotzdem ziemlich wenig, dafür war der Gegner einfach zu gut. Aber hinten hielten wir den Laden sauber. Mit ein bisschen Glück, viel Lauferei und Uwes Anweisungen. Ein 0:0, das sich wie ein Sieg anfühlte. Unser erster Punkt in der Saison.

An diesem Tag hat Uwe mit dem Moment des Schlusspfiffs jedem von uns die Hand gegeben und gesagt: »Bis nächste Woche.« Danach war nichts mehr wie zuvor. Uwe ist seither regelrecht zum Dampfplauderer geworden. Nicht, dass er mit uns über irgendwas anderes als Fußball redet. Aber das tut er seither mit Nachdruck und ohne Unterlass. Einzelgespräche, Gruppengespräche, Kabinenpredigten, Theorietraining. Das ganze Programm.

Noch in der Kabine hat Dölli nach dem ersten Unentschieden gesagt: »Was ist denn bitte mit Uwe passiert? Hat dem jemand 'ne neue Software installiert?« Niemand lachte. Ganz im Gegenteil.

»Halt die Klappe, Alter«, hat Chris gesagt. Und uns damit allen aus dem Herzen gesprochen.

Sportlich hat sich seither nicht allzu viel verändert, aber Uwe und wir sind zu einer Einheit geworden. Vielmehr Punkte hat uns das nicht eingebracht. Doch als der Trainer gestern verkündete, dass wir am Donnerstag ins Trainingslager fahren, waren alle sofort dabei. Keine Absage. Die Chance lebt.

»Ich hoffe, ich habe dich jetzt nicht zusätzlich verwirrt«, höre ich Uwe sagen und merke, dass ich gedanklich etwas abgedriftet bin.

»Alles easy«, sage ich also, obwohl ich nicht genau weiß, was er eigentlich meint. »Wunderbar, dann mach dich bitte ordentlich warm. Wir können dich am Sonntag sehr gut gebrauchen«, höre ich Uwe sagen. Wie lange stehe ich schon hier? Ich klatsche mit ihm ab und trabe möglichst motiviert auf den Rasen. Wenn ich ihn richtig verstanden habe, spiele ich am Wochenende. In der Startelf. Es gibt also doch einen Fußballgott.

2

Woran im Trainingslager am meisten gearbeitet wird

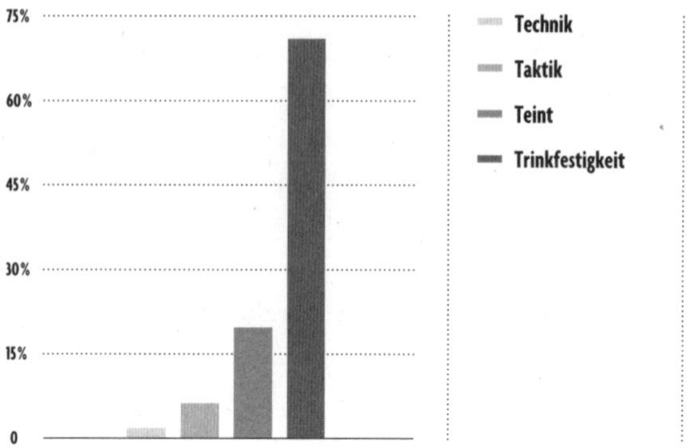

Wofür die Zeit im Training wirklich draufgeht

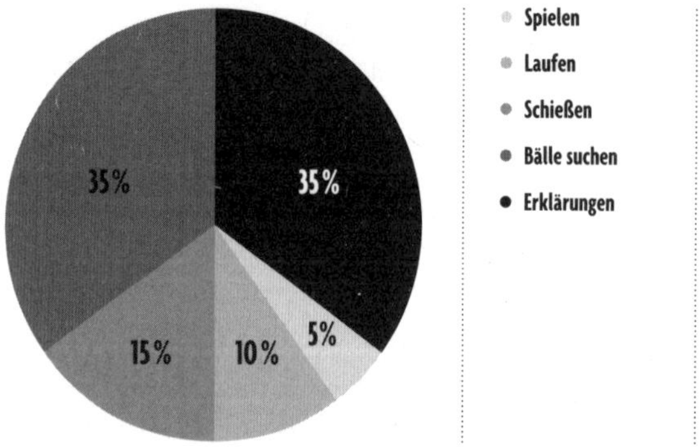

10.

Jeder kann sagen, was ich will

Donnerstag, 22:16 Uhr: Am Vorabend des Trainingslagers wird es noch mal gesellig. Große Biere, große Worte, heute wird Klartext geredet. Kapitän Martin sitzt inmitten seiner Mitspieler und schwört sie auf das alles entscheidende Spiel ein.

Schon der Gruppenname hätte mich stutzig machen sollen. Uwe rief mich an und meinte, ich solle mich darum kümmern. Aber ich sagte, dass die Jungs das schon nicht so meinten. Dass sie den Ernst der Lage schon erkannt hätten. »Schau doch bitte wenigstens mal rein. Als regulierendes Element«, bat mich Uwe schließlich. Also habe ich mir nach dem Training von Chris zeigen lassen, wie man WhatsApp auf dem Telefon installiert. Neumodischer Kram, aber die jungen Kerle kommunizieren ausschließlich darüber. Also gut. Die App war kaum zwei Minuten auf dem Handy, da bimmelte es schon. »Martin Döllberger hat Sie zu einer Gruppe hinzugefügt«, stand da. Dölli also, ich ahnte Schlimmes. Dann las ich den Gruppennamen – und seitdem ist mein Leben ein anderes. »Pimmel auf den Tisch« hatte Dölli den Chat zum Trainingslager benannt.

Erst dachte ich, dass ich mich in dem Typen geirrt habe, und erkannte eine gewisse Doppeldeutigkeit, die mir imponierte.

»Neben dem sportlichen Fokus soll in unserem Trainingslager natürlich auch der Mannschaftsgeist beschworen werden. Alle sollen etwas näher zusammenrücken und sich auch mal die Meinung geigen beim Abschlussbier nach einem langen Trainingstag«, erklärte ich mit meiner ersten Nachricht den Hintergrund des Trainingslagers. Ich setzte auf eine Art reinigenden Prozess. Und es hagelte grinsende Smileys.

Als Uwe mir mitteilte, dass wir ins Trainingslager fahren, habe ich sofort Urlaub beantragt, um bei den Vorbereitungen zu helfen. Günter stellte das Budget bereit – Uwe und ich haben es bis an die Grenze ausgereizt, um die allerbesten Rahmenbedingungen zu schaffen. Abfahrt Donnerstagmorgen, Rückkehr Sonntag. Direkt mit Kleinbussen beim Vereinsheim vorfahren, durch das Spalier der Fans zum letzten Mal in dieser Saison in die Kabine gehen, alle topfokussiert. Ich habe das vor meinem geistigen Auge bereits mehrfach durchgespielt. Das wird groß!

Mittwochmorgen um 4:56 Uhr klingelte plötzlich mein Handy. Ich stand senkrecht im Bett, weil ich dachte, es wäre etwas Schlimmes passiert. Stattdessen poppte eine Nachricht von Ole im Chat auf: »Schaffe es doch nicht zum Trainingslager, habe ganz schlimm Rücken.« Das war der Beginn einer lückenlosen Dokumentation seines Vorabends. Sagen wir mal, die folgenden Bilder verliehen seiner Absage zumindest zweifelhafte Züge. Das Foto mit Bierhelm hätte eine ältere

Aufnahme sein können. Und auch bei der gegrölten Sprachmitteilung (»Trainer, du alte Schlange, keiner kann so oft und so lange!«) war seine Stimme nur mit modernsten forensischen Mitteln zu erkennen. Doch das verwackelte Video war zu viel. Ole hielt eine ältere Dame mit Bürstenhaarschnitt im Arm und brüllte etwas vom »Sauerland«. Oben ohne. Mit einem Gummipimmel in der anderen Hand. Nach Rückenschmerzen sah das nun wirklich nicht aus.

Ich saß also morgens um fünf Uhr im Bett und dachte darüber nach, dass der Traum vom Bus, dem Spalier der Fans, dem totalen Fokus auf das Spiel vielleicht doch weiter entfernt liegt, als ich bislang annahm.

Das vielleicht größte Wunder angesichts unserer aktuellen Situation ist, dass wir tatsächlich an diesem Donnerstagabend vor Pfingsten beim Jugoslawen sitzen. Sechzig Kilometer von zu Hause entfernt. Einundzwanzig Fußballer auf oder knapp über dem Zenit ihrer Schaffenskraft an einem Tisch versammelt. Vor uns liegen zwei Tage à zwei Trainingseinheiten, in denen uns Uwe scharfmachen will auf das Saisonfinale. Wir haben zuvor lange zusammengesessen und über Inhalte und Belastungen gesprochen.

»Uwe«, habe ich direkt zu Beginn gesagt: »Die Truppe braucht neue Impulse. Wir können jetzt nicht so weitermachen wie bisher. Da muss Abwechslung rein.« Uwe zieht mich als Kapitän oft zurate, weil er wohl merkt, dass ich sehr viel Erfahrung und vor allem Ahnung habe.

»Vielleicht hast du recht, Martin. Ich werde noch mal im Ordner aus der Trainerausbildung nachschauen. Ich vertraue dir, dass du den Mannschaftsabend so gestaltest, dass die Jungs am nächsten Tag knackig trainieren können«, sagte er dann.

»Ehrensache«, antwortete ich und ahnte nicht, wie schwer dieser Job werden würde.

Eigentlich mag ich es, wenn ich mit ihm ein bisschen fachsimpeln und offen über die Stärken und Schwächen unserer Mannschaft sprechen kann. Jedes Team braucht einen, der vorangeht, der Ruhe ausstrahlt und bei dem jede Aktion Hand und Fuß hat. Ich glaube, genau das schätzt Uwe an mir. Mir geht es echt an die Nieren, wenn ich sehe, wie wir uns auf dem Feld selbst ein Bein stellen. Die Jungs haben Talent, aber sie müssen sich stärker fokussieren. Und das will ich ihnen heute Abend auch noch mal deutlich sagen und vor allem vorleben.

»Erst mal einen Stiefel, Vlado!« Dölli reißt mich aus den Gedanken.

»Stiefel? Nimm mal den Fuß vom Gas, Dölli. Ist das nicht ein bisschen viel für den Anfang? Wir sind doch noch nicht mal beim Hauptgang«, sage ich. Uwe wäre sicher stolz auf mich, aber der ist auf Wunsch der Mannschaft heute Abend nicht dabei.

»Mach dich mal locker, Matze. Wir kennen doch unsere Grenzen, oder, Jungs?«, legt Dölli nach.

Anerkennendes Klopfen von allen Seiten, und schon kommt die Bedienung mit einem Stiefel um die Ecke.

»Was los, Martin? Sollen wir dir einen Eistee bestellen?« Dölli hält mir mit breitem Grinsen den Bierstiefel hin.

Was tun? Trinken! Ein Schluck, zwei Schlucke, dann ist mein Gesicht klitschnass, und die Mannschaft haut grölend auf den Tisch.

»Gleich noch einen, Vlado. Martin zahlt«, brüllt Dölli, der mittlerweile auf dem Stuhl steht. »Ex, ex, ex, ex«, rufen alle anderen.

»Halt mal, Leute, warum das denn?«, interveniere ich.

»So ist die Regel, alter Mann.« Ole haut mir auf die Schulter.

»Hast du nicht Rückenschmerzen?«, zische ich, aber da ist es auch schon zu spät.

»Ex, ex, ex!« Es wird immer lauter. Am Nachbartisch schüttelt ein älteres Ehepaar entrüstet den Kopf. Also setze ich den Stiefel an und jage das Bier meine Kehle runter. Als ich absetze, ist das Scheißding leer, die Mannschaft trommelt auf den Tisch, und ich muss erst mal dringend aufs Klo.

»Nein, Schatz, du legst auf.« Ich stehe an der Pissrinne und höre es aus der Toilette säuseln. Ist das Schnecki? Der hing schon die ganze Hinfahrt am Telefon und brabbelte vor sich hin. Hat wahrscheinlich eine neue Freundin. Wird ihm guttun, ist ja nun vom Phänotypus nicht gerade ein Richard Gere – eher eine Schaufel voller Würmer.

»Ist Schnecki immer noch mit seiner Telefonerotik beschäftigt?« Plötzlich steht Ole neben mir.

»Ich glaube, dass ist seine Freundin«, sage ich halbwegs verdattert.

»Schon klar, Martin. Junge, Junge, du hast heute aber auch echt nen Stock im Arsch.«

»Nein, Schatz, du legst auf. Nein, du … Nein, du … Nein, du …« Schnecki dreht sich verbal im Kreis.

»Sag ihr, sie soll ein Video schicken, Schnecki. Am besten nackt, dann haben wir alle was davon«, ruft Ole und grinst.

»Lass ihn doch einfach mal in Ruhe«, sage ich und frage: »Warum bist du heute Abend überhaupt hier? Ich dachte, du hättest Rückenschmerzen.«

»Morgen früh muss ich auch wieder los. Mein Vater wird

sechzig. Große Gartenparty in unserem Haus auf Sylt. Aber den Mannschaftsabend lasse ich mir doch nicht entgehen.«

Wir gehen wieder nach oben, wo mittlerweile das Essen auf dem Tisch steht. Ich setze mich neben Chris.

»Martin, da bist du ja. Wir sprechen gerade darüber, wie wir alle ein bisschen mehr Zug in die Truppe kriegen. Was hältst du davon, wenn abmelden per WhatsApp ab sofort 10 Euro kostet?«, fragt er mich.

»Abmelden? In meinem ersten Jahr bei den Herren, Mitte der Achtziger, gab es das Wort ›abmelden‹ gar nicht. Allein der Gedanke daran stand unter Höchststrafe – das bedeutete damals eine Saison Leibchen waschen.«

Chris lacht und ruft plötzlich: »Ey, Jungs. Martin erzählt wieder von früher. Schönste Opa-erzählt-vom Krieg-Stimmung.«

Plötzlich gucken mich alle an. »Das klingt vielleicht blöd, aber früher wurde eben immer trainiert oder gespielt. Bei Hitze, Sturm und Hagel.«

»Saurem Regen, Blitz, Donner, Hurrikan, Erdbeben, Invasion der Russen, Landung der Aliens, Atomangriffen. Ist klar«, fährt mir Hünemann ins Wort.

Die wollen spielen, dann tue ich ihnen den Gefallen: »Ist so, Jungs. Und wenn ich genau darüber nachdenke, gab es auch keine Verletzungen. Schon gar nicht am Syndesmoseband. Nicht mal das Syndesmoseband gab es damals. Und wenn einer eine kleine Verletzung hatte, dann hat er sich die rausgelaufen. Sonst wurde einfach immer weitertrainiert. Außer wenn einer aus der Mannschaft zum Frühschoppen geladen hatte.« Ein todsicherer Lacher. Hundertfach erprobt mit den Nachwuchsleuten der vergangenen Jahre. Ich weiß, dass ich für die hier der alte Mann bin, aber es macht mir auch ein bisschen Freude, zu sehen, dass alle mal so richtig lachen.

Also weiter: »Vor den Spielen verkündete der Trainer damals den genauen Treffpunkt und die exakte Uhrzeit. Beide Fakten waren unverrückbar gesetzt, was zur Folge hatte, dass neunzig Prozent der Mannschaft am Spieltag pünktlich vor Ort waren und dort von der Absage des Spiels erfuhren, weil der Platzwart schlechte Laune hatte und den Rasen nicht freigab.«

»Was, so lange arbeitet Hotte schon«, sagt Riu. Alle lachen wieder. Läuft.

»Nicht selten einigten sich beide Mannschaften dann spontan auf ein Bierchen in der nächstbesten Kneipe, um die neunzig Minuten Freizeit von Frau oder Familie wenigstens sinnvoll zu nutzen. Außerdem wurde eiserne Schweigepflicht über die Spielabsage vereinbart, um den Schein des aktiven Sportlers aufrechtzuerhalten. Da waren wir wirklich kreativ«, sage ich und nehme erst mal einen Schluck Bier. »Einmal artete ein geselliger Vormittag derart aus, dass nach acht Stunden die ersten Ehefrauen Vermisstenanzeigen bei der Polizei aufgaben. Es gab ja noch keine Handys. Doch die Dienststelle konnte die besorgten Damen schnell beruhigen: Nach einem ausufernden Streit über die Höhe der Rechnung kam es in der Kneipe, in der wir uns etwas hatten gehen lassen, zu einem Handgemenge, das von der Staatsmacht aufgelöst werden musste.«

»Quatsch«, sagt der A-Jugendliche, dessen Namen ich mir einfach nicht merken kann.

»Doch, ich torkelte damals die zehn Kilometer nach Hause und schlief unterwegs am Baggersee ein. Meine Eltern waren nicht sonderlich begeistert, als ich schließlich um zwei Uhr nachts dreckig und besoffen zu Hause ankam. Die wollten mich nie wieder zum Fußball gehen lassen. Einen Barbarensport nannten sie das und wollten mich zum Tennis schicken. Sie beschwerten sich beim Präsidenten über die Zustände. Was immer der alte Sperber, den kennt ihr, glaube ich, gar nicht mehr, damals auch gesagt hat, es wirkte Wunder.«

»Wahrscheinlich hat er Scheine sprechen lassen«, sagt Flasher.

»Meine Eltern haben jedenfalls nie wieder über den TSV gemotzt«, sage ich. Wieder ein todsicherer Lacher.

Und so stochern wir alle in unseren monströsen Fleischplatten rum und reden Unsinn. Das sind die großen Momente für mich. Da fallen Altersgrenzen und unterschiedliche Lebenswelten für ein paar Stunden in sich zusammen. Jeder dreht so richtig auf und will mit seiner Geschichte auftrumpfen. Nach dem Essen gehe ich an die Bar, da ist es etwas ruhiger. Sollen die Jungs ein bisschen Gas geben. Ist schon in Ordnung. Ich bestelle mir einen Whiskey Cola und schaue das Bundesligaspiel ohne Ton an. Harry setzt sich neben mich.

»Mattes, was machst du hier? Die Jungs geben Vollgas. Mach dich doch auch mal locker. Denen geht es gut, die haben Spaß. Es ist doch nur Fußball.« Der Satz trifft mich wie ein Hammerschlag.

Ich kenne Harry seit der B-Jugend, damals kam er als dürrer Zugezogener zum Training. Kein Spielverständnis, aber Kondition wie ein Windhund. Er war ein echter Außenseiter, aber irgendwie haben wir uns immer gut verstanden. Spieler kamen, wurden alt und gingen. Harry war immer da. Und der will mir jetzt erzählen, dass es NUR Fußball ist?

»Warum sagst du so was, Harry? Wir wissen beide, dass

das nicht stimmt. Warum rennen wir denn als dienstälteste Spieler noch immer zu jedem Training, zu jedem Spiel, hm? Es ist vielleicht unser letztes Jahr in der Ersten. Meinst du, da will ich absteigen? Erzähl mir doch nicht, dass dir das alles nichts bedeutet.«

»Ich glaube, du siehst das alles ein bisschen zu eng. Nimm mir das nicht übel, aber Fußball ist für mich ein Hobby. Nicht mehr, nicht weniger. Ich finde es klasse, mit den jungen Kerlen zu trainieren und zu sehen, was die so umtreibt. Aber mir sind andere Sachen mittlerweile wichtiger. Frau, Kind, mein Hausbau. Vielleicht würde dir das auch guttun, einen Gang runterzuschalten«, sagt Harry, und ich merke, wie mein Puls langsam steigt.

»Harry, Fußball ist alles für mich. Dieser Verein ist alles für mich. Ich opfere jede freie Sekunde für den Klub. Ich stehe samstags um halb sieben auf, fahre mit dem Fahrrad durch den Regen, um dem Förderkreis beim Pflastern vor dem neuen Klubheim zu helfen. Ich fahre mit dem Traktor meines Onkels zehn Kilometer über Landstraßen, um vor der Jubiläumsfeier den Grünabfall zu entsorgen. Ich trainiere seit zwei Jahren aushilfsweise die zweite D-Jugend. Dabei habe ich mit Kindern nichts am Hut«, sage ich.

»Selber schuld, zwingt dich ja keiner.«

»Das ist richtig, Harry. Keiner zwingt mich, aber wenn ich es nicht mache, macht es keiner. Dann gehen wieder zwanzig Kinder nicht zum Fußball, und der Verein ist in zehn Jahren tot. Und das alles nur, weil irgendein pubertierender Nichtsnutz keine Lust mehr darauf hatte. Und weil sowieso keiner mehr Bock hat, irgendetwas freiwillig im Verein zu machen. Der Nachwuchs reißt sich nicht mehr den Arsch auf, wenn man dafür nicht mit einem Foto in der Zeitung steht. Oder Freibier im Klubheim winkt. Früher war der Verein das Zentrum des Ortes, alle trafen sich sonntags am Platz. Dafür brauchte es keine WhatsApp-Gruppen oder Plakate. Das war einfach so. Und alle waren zufrieden. Heute will jeder nur noch schnell weg. Weiter, weiter. Nach Berlin, Hamburg, oder sie hängen im Internet ab. Es macht mich traurig, wenn unsere B-Jugend mit dem TUS fusionieren muss, weil wir nicht mehr genug Leute zusammenkriegen. Früher haben wir dem TUS nachts vor dem Derby in den Mittelkreis geschissen. Heute sollen wir mit diesen Bauern eine Spielgemeinschaft in der Jugend organisieren? Was ist denn nur passiert?«

Ich blicke Harry ins Gesicht und sehe eigentlich nichts. Akustisch scheint er mich durchaus zu verstehen, aber meine Worte dringen nicht durch.

»Martin, nimm es mir nicht übel, aber dann tust du mir leid. Natürlich will ich auch nicht absteigen, und natürlich ist es mir wichtig, dass der TSV weiterhin besteht. Aber mein Sohn hat auch keine Lust auf Fußball. Auf Verein. Das ist dem alles zu viel. Der hängt nicht den ganzen Tag vor der Glotze, sondern macht andere Sachen. Skaten, Musik, so was halt. Das lässt sich nicht aufhalten. Das müssen wir uns ehrlich eingestehen.«

»Das will ich aber nicht. Ich glaube auch daran, dass sich das aufhalten lässt, wenn alle ein bisschen mehr Einsatz zeigen würden. Guck mal, als wir Kinder waren, gab es nur Fußball. Okay, und Schule. Aber da sind wir auch nur hingegangen, weil wir in den Pausen gekickt haben. Sechs gegen sechs mit einem Tennisball. Tore aus Jacken. Legendäre Spiele. Nach der Schule dann Ranzen weg, Omas furchtbaren Pfannkuchen runtergewürgt und ab auf den Bolzplatz. Dienstag und Donnerstag Training, in der Zwischenzeit bolzen. Ich kannte den Spielplan der Ersten besser als die binomischen

Formeln. Und ich habe immer davon geträumt, einmal selber als Spieler der ersten Mannschaft aufzulaufen. Und ein bisschen ist dieses Gefühl bis heute geblieben.«

»Du klingst wie ein sehr alter Mann, Martin. Ich meine das nicht böse, aber im Nebenraum steht die Zukunft des Vereins und lässt sich nach allen Regeln der Kunst volllaufen. Das ist nun mal so. Deswegen sind die aber doch keine schlechteren Menschen. Das ist halt deren Lifestyle gerade, da machen wir mit oder halten uns raus. Aber wir dürfen hier doch nicht hocken wie zwei Greise und von früher erzählen.«

»Harry, auch nach über siebenhundert Spielen für den Verein, nach etlichen Zinntellern auf der Jahreshauptversammlung, nach Abstiegen, Aufstiegen, Schulterklopfen und Rangeleien mit dem Vorstand kribbelt es bei mir, wenn ich sonntags die Sportanlage betrete.«

Ich weiß, dass sich die Leute manchmal darüber kaputtlachen, weil ich unsere Spiele immer so ernst nehme. Und weil mir Niederlagen eben an die Substanz gehen. Und weil wir in dieser Saison neunzehn Spiele verloren haben, hatte ich neunzehn beschissene Wochenenden, an denen ich mich achtzehnmal mit meiner Freundin gezofft habe, ohne es wirklich zu wollen. Dazu kommen drei Unentschieden. Der Frust muss eben irgendwo raus.

»Dieser Verein ist für mich kein Hobby, es ist ein zentraler Bestandteil meines Lebens. Ich habe hier als Kind gelernt zu verlieren, als Jugendlicher, mich zu beherrschen, und während meines ganzen Lebens mehr über Gemeinschaft, Fairness und Gerechtigkeit erfahren als sonst wo«, rede ich einfach weiter.

Harry verdreht die Augen: »Komm schon, das meinst du doch nicht ernst.«

Ich erinnere mich, wie mir meine Freundin mal gesagt hat, dass sich mit dem Betreten der Sportanlage sogar meine Körperhaltung ändert. Dass ich den Rücken durchstrecke und plötzlich imposant wirke. Was sie damit meine, habe ich damals gefragt, aber da lächelte sie nur. Das hat viele Jahre gereicht, um alle meine Fragen im Keim zu ersticken.

»Ich würde für den Verein mein letztes Hemd geben. Und das ist kein dummer Spruch. Einmal habe ich unserem Präsi Günter vor der Saisoneröffnung mein Hemd geliehen, weil er die Nacht in irgendeinem Etablissement verbracht hatte und seine Klamotten rochen wie eine Douglas-Filiale. Ich ging also oben ohne zur Saisoneröffnung und war das Gespött der Leute, während Günter in der Menge badete«, sage ich.

Und jetzt will Harry mir erzählen, dass es nur Fußball ist. Ich würde ihm das gerne noch lang und breit erklären, aber ich glaube, er will das gar nicht verstehen.

Schnecki tritt an unseren Tisch: »Was ist denn hier los?«

»Martin ist im Früher-war-alles-besser-Modus. Kann noch etwas dauern«, sagt Harry und grinst mich an.

»Was? Nee, ich meine, was ist in diesem Kaff los. Nirgends Handyempfang. Ich gehe mal eine Runde um den Block«, sagt Schnecki und lenkt seinen Blick wieder auf das Handy. Harry grinst immer noch und klopft mir aufmunternd auf die Schulter.

»Harry, ich mein das ernst. Aber ich weiß auch, dass ich damit heute nichts mehr erreiche, wenn ich wieder die alte Leier spiele. Weißt du was, vielleicht hast du recht. Vielleicht sollte ich mich mal locker machen.« Ich stehe auf und lasse Harry einfach sitzen. Ich muss jetzt mal dringend auf andere Gedanken kommen. Ich hätte ja mit vielem gerechnet, aber nicht mit so viel Unverständnis von Harry. Also wieder rein ins Restaurant, rein ins Inferno.

Mittlerweile steht Dölli ohne T-Shirt auf dem Tisch und brüllt: »Sirtaki!« Dass wir bei einem Jugoslawen sind, scheint er noch nicht begriffen zu haben. »Sirtaaaaaaki«, grölt er immer weiter. Angefeuert von großen Teilen der Mannschaft. Am Nachbartisch sind Chris und Hünemann mit dem älteren Ehepaar in ein Gespräch vertieft. Der Tisch ist voller Bierstiefel, Sliwowitzflaschen und Zigarettenkippen. Ich blicke durch den Raum: Raucht Kai da eine Zigarre?

»Ćevapčići, Mattes«, brüllt er mir zu und zieht sich lachend ein Hackfleischröllchen aus dem Mundwinkel. Sein Hemd ist bis zum Bauchnabel aufgeknöpft. In seinem Arm liegt die junge Dame, die gerade noch als Kellnerin gearbeitet hat. Was ist hier passiert? Wo war ich überhaupt? Wenn Uwe das spitzkriegt, wird er mich hassen.

Ich renne zum Tisch und brülle: »Was soll der Scheiß, Dölli?«

»Wir rücken näher zusammen, Matze. Wolltest du doch so. Schön kuschelig, die Atmo, oder?«, brüllt er, während er sich einen Bierstiefel wie einen verlängerten Penis vor den Schritt hält.

»Komm mal runter, Mann«, brülle ich zurück, aber Dölli hört mir gar nicht mehr zu.

»Und jetzt alle: Pimmel auf den Tisch, Pimmel auf den Tisch, Pimmel, Pimmel, Pimmel auf den Tisch!« Dölli hüpft auf und ab. Lutz, Kai, Riu und die anderen feuern ihn an. Der A-Jugendliche zieht sein T-Shirt aus und wirbelt es durch die Luft.

Ich sprinte zum Wirt: »Machen Sie mal bitte die Musik aus?«, rufe ich.

Aber der guckt mich nur mit glasigen Augen an. Wankt der?

»Musik!«, brülle ich. »Aus! Oder leiser!« Ich sende offenbar auf einer komplett anderen Funkwelle als dieser Kerl. Also gehe ich hinter den Tresen und will die Anlage ausdrehen. Als ich mich gerade nach oben strecke, bricht hinter mir die Hölle los.

»Mattes, Mattes, Mattes!« Die ganze Mannschaft steht vor dem Tresen und stachelt mich an. Was ist hier los? Dölli springt auf die Bar: »Einer geht noch«, seine Stimme überschlägt sich, »einer geht noch rein. Einer geht noch, drum, Mattes, schenk uns ein.« Die anderen stimmen ein: »Schenk ein, schenk ein.«

»Jungs, wir haben morgen Training, hier ist jetzt Feierabend. Ihr hattet alle euren Spaß. Uwe erwartet uns um halb zehn …« Ich blicke nach oben und merke, dass mir niemand zuhört.

»Martin, keiner von uns wird morgen um halb zehn auf dem Trainingsplatz stehen.« Harry klopft mir aufmunternd auf die Schulter. »Ich gehe um acht Uhr laufen, wenn du mitkommen willst. Aber beim Rest ist Hopfen und Malz verloren.«

»Uwe bringt mich um. Er hat mir das hier anvertraut«, sage ich und schüttele den Kopf. Der Wirt sitzt grinsend auf einem Stuhl in der Ecke, Dölli brüllt, Kai knabbert dem jungen Mädchen am Ohr herum, Chris dreht die Musik noch lauter, Schnecki steht in der Ecke und telefoniert.

»Du bist doch nicht deren Kindermädchen. Die Jungs haben das vielleicht gebraucht. Das kann durchaus Energie freisetzen. Also mach jetzt nicht auf Spielverderber. Ich geh pennen.« Harry nickt und geht.

Ich stehe allein in einem Raum voller besoffener Mitspieler. Morgen früh wird Uwe allein um 9:30 Uhr die Hütchen aufstellen.

Wie auf Autopilot greift meine Hand in den Schnapsschrank hinter mir, keine Ahnung, wieso. Ich packe zwei Flaschen Obstbrand, verteile zwanzig Gläser auf dem Tresen und schenke ein.

»Capitano, Capitano, Capitano«, brüllt Dölli, und alle stimmen ein. Ex. Noch eine Runde. Hopp. Noch eine Runde. Ex.

Einschenken, trinken, brüllen. Einschenken, trinken, klatschen. Einschenken, trinken, hüpfen. Ich lasse es einfach geschehen. Ich fummel mein Handy aus der Tasche und schreibe: »Sorry, Uwe. Training fällt morgen wohl aus. Oder vielleicht ist das hier auch die Einheit, die wir brauchen.« Senden? Besser nicht. Vielleicht wird uns dieser Mannschaftsabend am Ende das Genick brechen. Vielleicht wird er uns am Ende den Arsch retten. Vielleicht ist es heute Abend wirklich einfach mal nur Fußball.

3

Schuhfarben in der Kreisliga

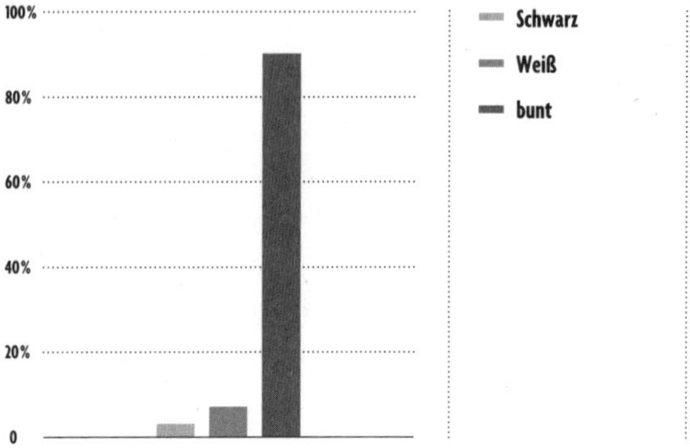

Wann hat die Oma/Tante/Katze des Spielmachers Geburtstag?

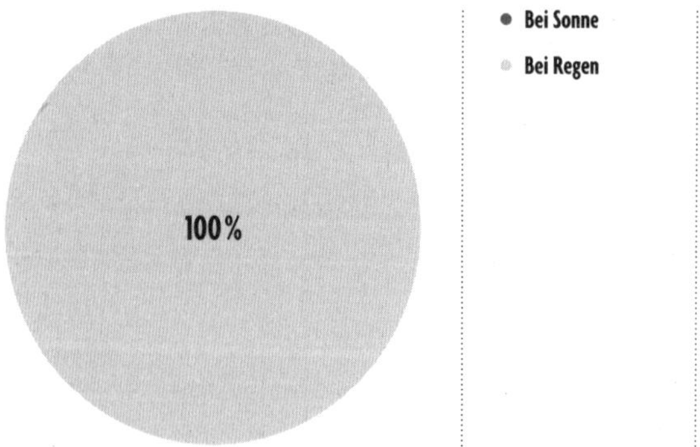

11.

Da geht er, ein großer Spieler. Ein Mann wie Steffi Graf!

Freitag, 09:21 Uhr: Über der Jugendherberge liegt Stille und eine Duftwolke aus Pils und Schnaps. Plötzlich knallt die Eingangstür auf, ein blonder Junge zieht seine Real-Madrid-Trainingsjacke zu, erblickt ein Auto und schlurft los. Vorbei am umgestürzten Blumenkübel, Kofferraum auf, Tasche rein. Ole will nur eins: nichts wie weg hier.

»War das heftig gestern!« Ich lasse mich in den Beifahrersitz fallen. »Bloß weg hier, Karlo«, presse ich noch raus.

»Junge, Junge, wo hast du denn das Gesicht her? Vom Scheißgesichtsverleih?«, lacht der beste Kumpel meines Vaters und drückt aufs Gas. Schon schießt seine S-Klasse auf die Zubringerstraße. Weg von dieser Mannschaft.

»Tschüss, hab ich gesagt«, murmel ich vor mich hin.

»Was?«, fragt Karlo. Ich tue so, als ob ich ihn überhört hätte. Aber ich weiß, dass ich die Truppe so schnell nicht wiedersehen werde. Spätestens als Uwe mir gestern auf der Hinfahrt sagte, dass ich am Sonntag wohl auf der Bank sitzen werde und statt mir Flasher anfangen wird, wusste ich, dass es Zeit für den nächsten Schritt ist. »Das ist keine Entscheidung gegen dich, sondern für die Mannschaft«, hat Uwe gesagt. Was soll das für eine Begründung sein, seinen besten Spieler draußen zu lassen?

»Wie kann man nur an so einem Wochenende seinen Geburtstag feiern?«, fragt Karlo und blickt kurz in den Rückspiegel.

»Ist doch egal«, sage ich. Draußen fliegen die Bäume am Straßenrand lautlos an uns vorbei.

»Wie, egal?« Karlo lässt nicht locker. »Hab deinem Vater schon gesagt, dass der Termin für seine Feier reichlich unglücklich gewählt wurde. Er mag ja ein feiner Rechtsverdreher sein, aber von Fußball hat der so viel Ahnung wie wir beide vom BGB, oder?«

»Kann schon sein.«

»Oh, schon drei Wörter. Was habt ihr da gestern eigentlich veranstaltet? Von meinem Sohnemann habe ich auch nichts mehr gehört. Lebt der Lange noch?« Karlo lacht und zündet sich eine Kippe an. Jetzt weiß ich auch, von wem Hünemann sein Talent geerbt hat.

»Radio Hüne« nennen wir Karlos Sohn mannschaftsintern, weil er das seltene Talent besitzt, ohne Punkt und Komma zu reden. Beim Waldlauf. Unter der Dusche. Beim Ballaufpumpen. Auf dem Rasen. Seit gestern Nacht weiß ich auch: Der redet sogar im Schlaf. Hünemann hatte außerdem einen weiteren Spleen: Vor jedem Spiel stellte er sich unter die Dusche, um seine Stutzen, Schienbeinschoner und Schuhe in warmem Wasser zu tränken. Dabei raunte er mantraartig immer die gleichen Worte: »Schön geschmeidig. Schööööööön geschmeidig.« Ganz so, als wollte er seinen ganzen Körper dadurch in eine gallertartige Masse verwandeln, die in den folgenden neunzig Minuten durch die gegnerischen Abwehrreihen flutschte. Diesen Tick musste er allerdings einmal bitter bezahlen.

Weil er während der Vorbesprechung zum Spiel ohne Pause getuschelt hatte, entschied unser Trainer, ihm kurzerhand eine Lektion zu erteilen. Er versprach Hüne einen Einsatz in der Startelf. Hünemann, seinen Namen auf der Tafel entdeckend, ging in die Dusche, und wir alle hörten nur »Schööööön geschmeidig«, als unser Coach seinen Namen von der Tafel wischte und ihn wieder aus der Startelf verbannte. Dumm nur, dass dieses Spiel im Dezember stattfand und die Temperaturen rund um den Gefrierpunkt lagen. Und so saß der arme Kerl neben mir auf der Bank und redete drauflos. Über seine Freundin. Seine Woche. Seine Pläne. Alles wie immer. Doch im Laufe der Anfangsviertelstunde wurde er immer stiller. Bis er schließlich ganz schwieg und bleich über den Platz starrte. Ich fragte ihn, was denn los sei. Er sah mich an und konnte kein Wort sagen. Seine Füße waren eingefroren, sodass ich ihn mit einem Mitspieler und unserem Betreuer zum Auftauen in die Kabine tragen musste, wo er die nächste warme Dusche bekam. Hünemann fehlte zwei Wochen wegen einer saftigen Erkältung beim Training und verlor einen Zehennagel. Und offenbar hat sich in dieser Zeit in Rage geschwiegen, denn seitdem redet er noch schneller. So wie auch sein Vater. »Radio Hüne senior« sendet pausenlos, sodass seine Stimme im Brummen des Motors aufgeht. Wenn ich die Augen schließe, kann ich keinem Satz mehr folgen, sondern höre nur einen lang gezogenen Vokal.

»Hallo, Erde an Ole. Was meinst du denn dazu?« Karlos Stimme reißt mich aus den Gedanken.

»Wozu?«, frage ich.

»Dass dein Vater seinen Geburtstag auf den letzten Spieltag gelegt hat. Dass ich dich vom Trainingslager abholen muss, um zu der Bonzenfeier zu fahren. Dass du vor die Wahl gestellt wurdest, entweder deinen Vater oder deine Mannschaft im Stich zu lassen. Das kann dir doch nicht egal sein?« Karlo wirkt aufgebracht.

»Weiß nicht«, sage ich nur, und das war definitiv ein Fehler.

»Ole, mal ehrlich: Du hast seit der C-Jugend alle Jugendauswahlen auf Kreisebene durchlaufen, warst Kapitän der Bezirksauswahl und hättest in der Jugend problemlos höherklassig wechseln können. Das hast du aber alles nicht gemacht. Weil der TSV dir am Herzen liegt, weil deine Kumpels hier spielen. Und das ein bisschen wichtiger ist als 400 Euro Grundgehalt. Jetzt steht der Verein vor dem Abstieg. Die Saison war eine Katastrophe, und vielleicht schauen manche deiner Mitspieler zu dir auf, um sich an dir ein Beispiel zu nehmen. Hast du darüber schon mal nachgedacht? Und jetzt ist dir das alles egal?«

Was Karlo nicht weiß: Ich wollte damals unbedingt wechseln. Durfte aber nicht, weil Papa mich nicht jeden Tag eine Stunde zum Training fahren konnte. Oder wollte. Eine Anwaltskanzlei leitet sich nicht von allein, hat er gesagt. Damit war das Thema durch. Fußball hasst er sowieso wie die Pest. Das ist für ihn ein Proletensport.

Ein einziges Mal hat sich mein Vater in dieser Saison bei uns blicken lassen, aber nur, weil er genau wusste, dass potenzielle Klienten am Sonntag nach der Kommunalwahl auf dem Sportplatz rumturtnen. Es stand 1:5, zehn Minuten vor Schluss. Ich kam an den Ball und wollte einfach nur, dass der Schiri endlich abpfeift, da brüllte mein Vater: »Ole, mach was Geniales!« Gefundenes Fressen für Dölli, der seitdem mindestens einmal pro Training dieses Zitat meines Vaters bemüht.

Egal, ich bin also damals beim TSV geblieben, habe nach jedem Training Extraschichten geschoben. Laufen, pumpen, Techniktraining, weil ich wusste, dass eines Tages wieder ein Angebot kommen würde. Und dann bin ich weg, habe ich mir geschworen. Aber es kam nix. Seitdem gehe ich jede Woche zum Training und verzweifle an meinen Mitspielern. Das sind ja alles nette Typen, aber fußballerisch sind die manchmal wirklich Neandertaler.

»Was soll ich machen, Karlo? Uwe hätte mich sowieso nicht spielen lassen«, kontere ich ihn eiskalt aus. »Hat er mir gestern gesagt, danach habe ich mich volllaufen lassen. Dieser Mannschaft kann ich sowieso nicht mehr helfen. Was bringt der schönste Pass in die Schnittstelle, wenn alle anderen nur staunend danebenstehen, statt in den Raum zu laufen? Warum soll ich mich sechzigmal pro Spiel im Zentrum anbieten, wenn wir jeden zweiten Ball lang nach vorne hauen und den Rest über die Außen laufen lassen. Und außen stehen bei uns nur Jungs wie Harry.«

»Mr Pferdelunge«, lacht Karlo und hustet los. Dann zündet er sich erst mal 'ne Kippe an. »Der kam mit Martin damals als A-Jugendlicher zu uns hoch, als ich noch in der Ersten war. Zu seinem zweiten Training kam er mit einem neuen Fahrrad. ›Heiße Kiste‹, hab ich gerufen. Und dann ratterte er los. ›Kiste? Du meinst meinen fein austarierten Hochgeschwindigkeitsboliden aus dem Hause Cervélo.

9000 Euro allein der Rahmen. Habe ich zum Abi bekommen. Kanada-Import.‹«

Das klingt wirklich nach Harry.

»›Kanada oder Kanadanicht, oder was‹, hab ich gesagt. Harry war schon immer ein Freak. Während andere nach ihrem ersten Sprint bereits vom Sauerstoffzelt träumten, lief er nach dem Spiel noch fünf Runden aus. Nach dem letzten Heimspiel habe ich kurz mit ihm gequatscht. ›Scheißspiel heute‹, habe ich gesagt, und Harry legte los: ›Uns fehlt klar die Fitness. Viele haben doch schon nach dem Aufwärmen saure Beine. Das liegt auch daran, dass wir nie in anaerobe Trainingsbereiche gehen in der Vorbereitung. Ich habe Uwe das schon mindestens fünf Mal gesagt. Sagt dir das Prinzip der Superkompensation etwas? Ist ja auch egal. Ich glaube dennoch, dass wir auf einem guten Weg sind.‹ Du brauchst solche Verrückten in der Mannschaft, aber heute ist das Wichtigste, dass die Moral stimmt, Ole. Einer für alle und alle für einen: Das ist vor dem letzten Spiel der Saison deutlich wichtiger als die Lunge.«

»Schon klar, was ich aber sagen will, ist, dass meine Art, Fußball zu spielen, nicht in diese Mannschaft passt. Nicht in dieser Saison. Das Spiel läuft an mir vorbei. Keiner geht auf meine Ideen ein. Wie soll man sich da noch motivieren? Wie soll ich so fußballerisch weiterkommen?«, platzt es aus mir raus. »Vor vier Wochen hat Uwe mich draußen gelassen, ist ja okay. Ich war den Abend vor dem Spiel etwas zu lange unterwegs, das akzeptiere ich auch. Aber dann hat er gesagt: ›Ole, machst du heute bitte den Linienrichter?‹ Schnecki, Lutz, sogar der A-Jugendliche saßen draußen, und ich sollte den Linienrichter machen. Ich als Linienrichter?! Mal ehrlich, da kann man Heidi Klum auch an eine Supermarktkasse setzen.«

Nur ein paar Tage nach meinem Linienrichtereinsatz kam dann tatsächlich ein Angebot. Bezirksliga, 400 Euro Grundgehalt, Fußballschuhe umsonst, Trainingsanzüge, Name auf dem Trikot. Da musste ich nicht lange überlegen. Es ist zwar erst mal nur ein kleiner Schritt, aber immerhin einer in die richtige Richtung. Ich habe es keinem gesagt, und das werde ich auch erst nach dem letzten Spiel tun.

Wenn das klappt, würde ich sogar mein Auslandssemester auf Bali absagen. Das gäbe mir einen neuen Schub, neue Impulse, und vielleicht klappt es dann ja doch nach ganz oben. Miro Klose hat auch mit zwanzig noch in der Bezirksliga gespielt. Beim SG Blaubach-Diedelkopf, im Nirgendwo. Drei Jahre später war er Nationalspieler, neun Jahre später beim FC Bayern und sechzehn Jahre später Weltmeister. Es ist also alles möglich, und das Talent habe ich allemal. Man muss nur an seine Chance glauben. Oder auf ewig in der Kreisliga versauern.

»Junge, hörst du mir überhaupt zu?« Karlos Stimme wird lauter. »Wie auch immer. Du kannst die Mannschaft jetzt nicht im Stich lassen. Deswegen habe ich mit deinem Vater geredet. Wir werden heute Abend auf die Feier gehen, aber dann bist du von deinen Pflichten entbunden. Wir können also Samstagabend zurückfahren und sind dann Sonntag pünktlich zum Spiel wieder zu Hause. Ich will sowieso dabei sein, und mit den Schickimickifreunden deines Alten habe ich mich schon oft genug gelangweilt. Da reicht mir ein Abend. Außerdem hasse ich Zigarren. Na, was hältst du davon, ist das ein Deal?«

»Ich glaube, das würde ich teuer bezahlen. Papa lässt es mich zwar nicht sofort spüren, aber auf lange Sicht wird so eine Aktion immer gegen mich verwendet werden. Ich will da kein Risiko eingehen und auch mal richtig mit meinen Eltern feiern. Meine ganzen Cousinen und Cousins sehe ich auch nicht so oft. Ich kann der Mannschaft sowieso nicht helfen, wenn ich nicht spiele. Und Schnecki schreibt doch sowieso einen Liveticker. Deswegen bleibe ich lieber bei der Feier. Aber danke für das Angebot, Karlo.«

»Das muss ich nicht verstehen«, raunt Karlo. Dann biegen wir auf die Autobahn ein und schweigen. Die Bäume, das Schnurren des Motors, die dünne Luft. »Der Apfel fällt wohl wirklich nicht weit vom Stamm«, höre ich Karlo noch murmeln. Dann fallen mir die Augen zu.

12.

Wenn wir schon nicht gewinnen, treten wir ihnen wenigstens den Rasen kaputt

Freitag, 10:41 Uhr: Der Trainer starrt ins Nichts. Eigentlich sollte gerade die erste Einheit des Trainingslagers stattfinden. Aber ohne Mannschaft macht das wenig Sinn. Er zieht den Reißverschluss seiner Regenjacke zu, rotzt noch mal die Nasenlöcher frei und tritt einen Ball auf den Rasen. Da hört er Nocken auf Pflastersteine tackern. Gibt es tatsächlich noch Wunder?

Halb zehn ist lange vorbei, und endlich kommt der Erste auf den Rasen. Harry, wer sonst? Er trabt langsam auf mich zu, spuckt noch mal zur Seite und sagt im Vorbeigehen furztrocken: »Ich glaube, viel mehr werden wir heute nicht.« Dann betritt er den Platz, um seine Runden zu drehen.

»Was soll das heißen?«, frage ich ungläubig.

Harry schnürt sich die Schuhe, sieht mich an: »Die Jungs haben gestern die Leinen losgemacht. ›Pimmel auf den Tisch‹ war schließlich das Motto. Und alle haben sich daran gehalten. Sogar Martin. Die liegen noch im Salz.«

»Pimmel auf den Tisch. Pimmel auf den Tisch«, murmel ich, blicke auf den Rasen und sage irgendwie zu mir selbst: »Ist das deren Ernst?« Seit einer Stunde bin ich hier, habe alles aufgebaut, die Bälle aufgepumpt, die Leibchen sortiert. Ich wollte bei den letzten Trainingseinheiten vor dem entscheidenden Spiel nichts dem Zufall überlassen.

»Ich vermute, schon«, sagt Harry, drückt auf seine Pulsuhr und trottet los.

Eins habe ich als Trainer früh gelernt: Der einzige Faktor, den du nicht beeinflussen kannst, sind die Spieler. Schon gar nicht die Spieler dieser Mannschaft. Ich akzeptiere Fehler, kleine Aussetzer, technische Unzulänglichkeiten. Das kann auf diesem Niveau alles passieren, da habe ich meine Ansprüche längst runtergeschraubt. Aber so etwas geht gar nicht. Wer vorsätzlich unser Ziel gefährdet, kriegt es mit mir zu tun. Leider handelt es sich diesmal um die komplette Mannschaft. Mit Ausnahme von Harry, der gerade in die zweite Runde geht.

Ich greife zum Telefon und wähle: »Hier ist die Mailbox von Martin Schmellberg. Ich bin derzeit …« Auflegen, nächster Versuch: »Hier ist die Mailbox von Kai Trapp. Ich bin derzeit …« Das darf nicht wahr sein.

»Vergiss es, Trainer. Die kommen heute nicht mehr«, höre ich Harry in meinem Rücken rufen. Seine Stimme entfernt sich. Aus der Ferne ruft er noch: »Pimmel auf den Tisch!« Also letzter Versuch: Es klingelt. Und klingelt. Und klingelt. Dann knackt es, rauscht, aus dem Hörer kommt ein Husten.

»Waaaaa?«, höre ich eine Stimme, die wie die von Dölli klingt. Aber von Dölli mit Kehlkopfkrebs.

»Dölli, das kann nicht euer Ernst sein, oder? Für halb

zehn war das Training angesetzt. Es ist fast elf, und keiner ist hier«, sage ich ganz ruhig.

»Waaaa?« Dölli ist noch nicht auf Sendung.

»Hier ist Uwe, dein Trainer, ich stehe auf dem Rasen und habe alles vorbereitet, aber keiner ist hier. Heilige Scheiße, was soll der Mist?« Ich merke, wie die Wut in mir hochkocht. Ich habe in all den Jahren viele Abstriche gemacht und eigentlich immer meine Klappe gehalten, aber jetzt ist die rote Linie überschritten. Günter hat für dieses Trainingslager richtig in die Tasche gegriffen, es ist unsere letzte Rettung. Um zwölf Uhr will er hier auftauchen und eine letzte Ansprache an die Mannschaft halten. Was ist, wenn dann niemand hier ist? Wie stehe ich dann da? Wie steht die Mannschaft dann da?

»Dölli?« Meine Stimme wird immer ernster.

»Waaaa?« Der versteht kein Wort, also muss ich jetzt alles auf eine Karte setzen: »Ganz einfach, in zwanzig Minuten hast du die ganze Mannschaft zusammengetrommelt und ihr steht hier unten auf dem Trainingsplatz«, brülle ich. »Ist mir scheißegal, wie ihr das anstellt. Wenn nicht, rufe ich Günter an, und ihr zahlt den ganzen Trip selbst. 200 Euro pro Nase. Wer saufen kann, kann auch trainieren. Werdet endlich erwachsen. Zwanzig Minuten, die Zeit läuft.« Ich lege auf und schreie einmal laut über den menschenleeren Rasen. Ich sehe, wie Harry am anderen Ende des Platzes zusammenzuckt. Dann erhöht er das Tempo.

Ich trete ein paar Hütchen vom Stapel, sammele sie wieder ein, halte ein bisschen den Ball hoch, versuche, die Latte zu treffen. Nach zehn Minuten gebe ich auf. Ich gehe noch mal in die Kabine, um zu schauen, ob schon jemand da ist. Natürlich nicht. Das darf nicht wahr sein. Mein Telefon klingelt. Günter. Den kann ich jetzt am allerwenigsten gebrauchen. Ich lasse klingeln und klingeln, bis die Kiste endlich verstummt. *Pling*. Günter hat eine Mailboxnachricht hinterlassen.

»Uwe, alter Baumschubser. Junge, geht es mir gut. So früh ist der alte Günter eigentlich nicht wach. Und dann das Wetter, genau richtig, um mal den Jaguar aus der Garage zu lassen. Das Kätzchen brummt noch ordentlich, mein Freund. Aber ich schweife ab, wollte dir auch nur Bescheid sagen, dass es ein Stündchen später wird. Wahrscheinlich seid ihr dann nicht mehr am Trainieren, aber bitte versuch doch, die Truppe zusammenzuhalten, damit ich noch ein paar Worte sagen kann. Und jetzt: Mach sie lang, Trainer!«

Ich gehe zurück auf den Rasen, Harry macht mittlerweile Steigerungsläufe von Strafraum zu Strafraum. Den Blick immer auf der Pulsuhr. Sonst ist niemand da. Wahrscheinlich kommt auch niemand mehr. Außer Günter, in knapp zwei Stunden. Ich fange an, die Hütchen einzusammeln, mit denen ich den Jungs eigentlich noch ein bisschen Positionsspiel nahebringen wollte. Ich sammle die Stäbe ein, mit denen wir an unserer Koordination arbeiten wollten. Das Training ist vorbei, bevor es angefangen hat. Die ganze Saison ist vorbei – schon vor dem letzten Spiel. Und als ich gerade beginne, die Bälle in das Netz zu stopfen und mir zu überlegen, wie ich es Günter erkläre, wenn er auf dem menschenleeren Gelände ankommt, höre ich aus Richtung der Kabine Geräusche. Harry kann es nicht sein, der macht seine Liegestütze im Sechzehner. Ich höre Husten, Rotzen, Würgen. Ich höre das Klackern der Stollen. Ich sehe rüber zum Parkplatz und sehe Dölli. Ich sehe Chris und Kai. Ich sehe ein Wunder.

Und tatsächlich, knapp eine halbe Stunde später steht die Mannschaft in einer Reihe. Fast vollständig. Nur der A-Jugendliche, dessen Namen ich mir einfach nicht merken kann, fehlt. Und Ole, der wohl heute Morgen doch abgereist ist. Der Rest sieht, gelinde gesagt, erbärmlich aus. Dölli versucht seit fünf Minuten, sich die Schuhe zu binden, Schnecki hat sich direkt auf den Rasen gelegt, Chris und Flasher versuchen, sich gegenseitig zu stützen. Riu hat sein Trikot verkehrt herum an. Und hat Kai da einen Knutschfleck am Hals?

»Sorry, Trainer. Ich muss mich mit in die Verantwortung nehmen«, setzt Martin zum Gnadengesuch an.

»Ich will nix hören. Ist mir scheißegal, was gestern war. Ist mir scheißegal, wer die Schuld daran trägt. Ist mir scheißegal, ob euch schwindelig oder schlecht ist. Jetzt ist Training. Und da verlange ich von jedem für zwei Stunden volle Konzentration und vollen Einsatz. Wir haben lang genug nach hinten geblickt, ab heute schauen wir nur noch nach vorne. In zwei Tagen haben wir das letzte Spiel der Saison. Alles oder nichts«, sage ich.

»Ja, aber lass es mich wenigstens kurz erklären …«, sagt Martin.

»Da gibt es nix zu erklären Martin. Wenn ihr als Mann schaft entschieden habt, euch wie Kleinkinder auf Klassenfahrt aufzuführen, dann kann ich als Trainer nix dagegen tun. Dass mir das nicht gefällt, dürfte selbst der Besoffenste von euch mittlerweile raffen. Aber es ist nun mal, wie es ist. Also machen wir das Beste daraus. Harry, bitte nimm die Mannschaft mit zum Warmlaufen. Drei Runden. Längsseite Trab, Grundlinie erhöhtes Tempo. Hepp.«

Mühsam wie eine alte Dampflok setzt sich die Mannschaft in Gang. Sie stöhnen, sie ächzen, aber das muss jetzt sein. Ich stelle mich an den Rand und denke nach. Was tun mit diesem Haufen? Am liebsten würde ich die richtig rundmachen. Cooper-Test, zwei gegen zwei, Kraftzirkel: Das würde auch Günter gefallen. Danach steht mir jetzt der Sinn. Aber was bringt das noch? Das erste Mal traben sie an mir vorbei.

»Na, Dölli, wie viele Schnäpse hattest du gestern?«, rufe ich hinterher. Keine Antwort.

Ich muss also improvisieren. Passübungen wären in ihrem Zustand ein Himmelfahrtskommando. Ich bin froh, wenn die Jungs nicht über die eigenen Beine stolpern. Torschuss ist auch keine Alternative, es sei denn, ich will mit der halben B-Jugend ins letzte Spiel gehen. In diesem Zustand kriegen die schon vom Ballstoppen einen Muskelfaserriss – und die A-Jugend ist auf Mannschaftsfahrt. Die Jungs trotten das zweite Mal an mir vorbei. »Schnecki, wollen wir eine rauchen?«, rufe ich hinterher und sehe, wie unser Ersatzkeeper zusammenzuckt, als würden ihm die Kippen von gestern noch mal durch den Hals gehen. Ich sammle langsam die letzten Hütchen vom Rasen, die ganze Arbeit war für die Katz. Ich hätte mir gestern Abend auch schön einen James-Bond-Film ansehen können, statt mir über Trainingssteuerung Gedanken zu machen. Aber das ist mein Los mit dieser Mannschaft. Man kann im Grunde nichts planen. Das macht mich verrückt, aber irgendwie macht mir das auch tierisch Spaß.

Die Jungs versammeln sich zum Dehnen im Mittelkreis, und ich schiebe langsam die Bälle rüber. »Sah ja schon mal gar nicht so gut aus, was ihr da beim Warmmachen auf den Rasen gebracht habt. Ich kann von keinem erwarten, dass er hier wie Harry über den Rasen hüpft, aber ein bisschen mehr Engagement wünsche ich mir als Trainer schon, wenn es am Sonntag gegen den Abstieg geht.«

Ich blicke in die Runde und sehe vor allem müde Augen.

»Das wünscht sich doch jeder. Wir stehen mit dem Rücken zur Wand, keiner setzt auch nur einen Cent auf uns. Ganz ehrlich, ich kann die Leute verstehen, die mittlerweile lieber bei der C-Jugend zugucken als bei uns. Aber ihr habt die Chance, mit einem Spiel zu Helden zu werden.«

Dölli greift sich souverän in die Hose, Chris schaut durch mich durch.

»Dass wir nicht über Nacht zu Real Madrid werden und den Gegner an die Wand spielen, habe ich mittlerweile auch verstanden. Deswegen machen wir heute mal etwas anderes. In der vorletzten Trainingseinheit der Saison, so kurz vor dem großen Spiel, mache ich sicherlich keine besseren Fußballer mehr aus euch. Aber ich kann euch zumindest zu richtigen Drecksäcken machen.« Das Wort wirkt Wunder. Plötzlich scheinen die Lebensgeister von zumindest einigen Jungs geweckt zu sein.

»Was soll denn das heißen?«, will Dölli wissen.

»Ganz einfach, ich zeige euch heute die miesesten Tricks, die ich in meiner Karriere gelernt habe. Wir versuchen am Sonntag, in die Köpfe unserer Gegner zu kommen, und dann nehmen wir sie von innen auseinander. Wenn es spielerisch schon nicht klappt, dann psychisch. Also körperlich.«

»Ja, Mann«, sagt Chris und haut Flasher so überschwänglich auf die Schulter, dass der fast vornüberfällt.

»Also dehnt euch erst mal, dann treffen wir uns am Strafraum. Schnecki geht ins Tor. Alle Bälle an die Strafraumkante.«

Ich habe mit allem gerechnet, aber sicher nicht damit,

dass die Jungs plötzlich so etwas wie Lebensfreude zeigen. Fünf Minuten später stehen alle am Strafraum, nervös wie junge Hunde vor dem ersten Spaziergang.

»Okay, los geht's. Martin, Kai, Hünemann, Harry, in die Mauer. Hier liegt der Ball«, ich lege den Ball auf den Boden. Ventil nach oben. Ein bisschen Show muss sein. »Schnecki stellt. Alle anderen stehen hinter mir«, rufe ich.

»Ein Stück nach links, liiiiiinks«, ruft Schnecki, als ginge es um drei Punkte.

»Flasher, Chris, Dölli, ihr steht als Stürmer in der Mauer, macht ein bisschen Radau. Schubsen, drängeln, anhauchen. Das ganze Programm. Aber bitte im Rahmen des Reglements.« Die drei rennen los und zeigen sofort vollen Einsatz. Ich zieh mir noch einmal die Stutzen hoch und schreite genau sechs Schritte zurück. In der Mauer macht sich immer mehr Unruhe breit. Dass ich einen Huf wie ein Brauereipferd besitze, wissen sie alle. Dass ich ein begnadeter Freistoßschütze war, habe ich hinlänglich bewiesen. Aber heute habe ich nicht die Absicht, den Freistoß zu verwandeln – ich will ihnen eine Lektion erteilen.

»Lutz pfeift den Freistoß an«, rufe ich und atme einmal tief ein. Flasher und Dölli rangeln wie die Irren. Fantastisch.

Der Pfiff ertönt. Und nach einem kurzen Moment der Stille nehme ich Anlauf und erwische den Ball perfekt mit dem Vollspann. Die Kugel wird zum Geschoss. Dann macht es *plopp*. Martin sinkt mit einem Brunftlaut zusammen. Volltreffer in die Leistengegend. Die ganze Mannschaft ist wie vom Donner gerührt, Martin krümmt sich vor Schmerzen auf dem Boden.

»Arme hoch«, brüllt Dölli.

»Was soll der Scheiß?«, schreit Kai.

»Warum hält er auch seinen Schwanz in meinen Ball? Jetzt kriech vom Platz, Martin. Wir wollen weitertrainieren!«, schreie ich zurück und laufe zur Mauer. Der Schock steht allen ins Gesicht geschrieben.

Ich reiche Martin die Hand. Wenn Blicke töten könnten. Er ringt immer noch um Luft. Ich grinse und helfe ihm auf.

»Das war der sogenannte ›Mauerschütze‹«, sage ich. »Am Sonntag schießt Dölli den ersten Freistoß am Strafraum genau so, mit voller Wucht in die Mauer. Am besten so zielgenau wie ich«, sage ich.

»Warum? Was soll das?«, will Dölli wissen.

»Es geht um Respekt. Martin, würdest du dich bitte noch einmal in die Mauer stellen?«, frage ich.

»Auf keinen Fall«, ächzt er.

»Seht ihr? Genau darum geht es beim ›Mauerschützen‹: Der Gegner soll beim nächsten Freistoß zweimal darüber nachdenken, ob er sich in den Schuss wirft, wenn Dölli sich den Ball hinlegt. Das ist Psychologie. Seid euch sicher, dass die Hälfte der Mauer sich wegdreht, nicht hochspringt oder sich gleich verkriecht, wenn unser Schütze das nächste Mal anläuft. Ich weiß, das ist eine Schweineaktion – aber sie wirkt. Oder, Martin?«, frage ich und grinse in die Runde. Die Mundwinkel der Jungs gehen nach oben, selbst Martin kann sich ein Lächeln nicht verkneifen.

»Weiter geht's. Zwei Tore im Sechzehner. Wir spielen Jung gegen Alt.« Plötzlich ist Feuer drin, die Jungs schwärmen aus, sammeln Bälle, schleppen Tore, verteilen Leibchen. Auch ich streife mir eins über. »Drei Kontakte, Tore nur per Direktabnahme, dreimal fünf Minuten, los geht's«, rufe ich, und das Spiel ist gleich im fünften Gang, von Kater kaum noch eine Spur. Ich halte mich immer in der Nähe von Dölli auf, weil ich ihm etwas zeigen möchte. Aber der Junge ist gut drauf, ich komme kaum hinter ihm her. Manchmal glaube ich, dass er mit Restalkohol sogar noch wertvoller ist. Das Spiel wird immer munterer, Torschüsse fliegen ins Nichts, dumme Sprüche hinterher, manchmal spielen zwei Jungs sogar einen Doppelpass.

»Schön gespielt, das kostet«, brüllt Dölli.

In dieser Mannschaft kostet offenbar sogar eine gelungene Aktion eine Kiste Bier.

Schließlich bekommt Dölli den Ball, steht mit dem Rücken zu mir, los geht's. Ich gehe eng ran und nehme Körperkontakt auf: »Na, kommst du am alten Trainer vorbei?«, raune ich ihm von hinten zu. Dölli täuscht links an, schiebt den Arsch raus. Ganz alte Schule. Ein kleiner Wackler, dann legt er den Ball mit links um mich herum und zieht an. Doch bevor er weglaufen kann, ziehe ich ihm stumpf das Standbein weg.

»Eyyyyy«, brüllt er und fällt zu Boden. Zeit für den Tarnkappenbomber unter den Taschenspielertricks.

»Sorry, Dölli«, sage ich und reiche ihm in friedlicher Absicht die rechte Hand. Dölli geht auf das Angebot ein und greift zu. Ich ziehe ihn hoch und greife ihm mit der linken Hand unter die Achsel.

»Kein Ding, Trainer. Mich kann man mit fairen Mitteln eben nicht stoppen«, sagt Dölli.

Als wäre das mein Stichwort, kneife ich ihm mit der linken Hand mit aller Kraft in seinen prächtigen Bierbusen.

»Eyyyy!« Dölli schießt wutschnaubend nach oben und lässt sich zu einer Gegenreaktion hinreißen. Er schubst mich weg. Ich merke, wie die Mannschaft zurückschreckt, und stürze theatralisch zu Boden.

»Spinnst du, Dölli?«, sagt Martin und schubst den konsternierten Jungen weg.

»Der hat mich gekniffen«, kreischt unser Großmaul.

Ich stehe grinsend auf: »Alles gut, Jungs. Das war die ›Achsel des Bösen‹. Effektiv und hinterhältig. Eine richtige Arschlochaktion, aber unendlich wirkungsvoll. Kann man ein-, zweimal pro Spiel machen, wenn man es clever anstellt. Führt ganz sicher zu Gelb beim Gegner, wenn man auf unschuldig macht. Das könnt ihr ja, das weiß ich am besten«, sage ich und schaue zu Dölli rüber. »Die Nummer brennt ein paar Minuten, wahrscheinlich hast du auch einen blauen Fleck danach. Aber nur mit einem richtig festen Griff kann man eine spontane Reaktion hervorrufen. Und das ist es, was wir am Sonntag wollen. Niedere Instinkte wecken. Eine unbedachte Reaktion vom Gegner. Wegschubsen, Nachtreten: irgendwas Dummes, mit dem wir den besten Spieler des Gegners aus dem Konzept bringen und vielleicht Gelb-Rot ergaunern können.«

»Du bist ja eine richtige Drecksau, Uwe«, sagt Dölli und schüttelt den Kopf. »Warum zeigst du uns das erst jetzt?«

»Weil ich es selbst nicht gut finde. Ehrlich, ich bin kein Fan von solchen krummen Dingern, aber im Abstiegskampf muss man auch zu halbfairen Mitteln greifen. Das heißt nicht, dass wir am Sonntag wie wild um uns treten und den Gegner verletzen wollen. Aber vielleicht kommt es zu bestimmten Situationen, die eine Extraportion Arschloch erlauben. Da bin ich in dieser Ausnahmesituation der Letzte, der sagt: Tut das bitte nicht. Wir müssen Nadelstiche setzen.«

»Das ist ein gutes Stichwort.« Dölli reibt sich noch immer die Brust, er kann immer noch nicht fassen, was ihm gerade passiert ist. Kai schüttelt grinsend den Kopf, Flashers Augen leuchten.

»So, jetzt üben wir Standards. Flasher und Chris schlagen die Ecken, Defensive trägt Leibchen, Offensive macht Tore. Hepp.« Alle laufen langsam in den Strafraum, ich ziehe mir ein Leibchen über. Im Strafraum geht es schön eng zu. Da wird gerangelt und geklammert. Auge um Auge, Zahn um Zahn. Zeit für die nächste Lektion. Langsam orientiere ich mich in Richtung Hünemann, unsere 2-Meter-Zielperson bei Standards. Ich positioniere mich bei jedem Ball hinter ihm und rufe: »Muss deiner sein, Hünemann. Muss deiner sein.« So geht das die ersten zehn Bälle, bis ich zum Angriff übergehe. Immer wenn der Eckballschütze anläuft, lasse ich meinen Finger über Hünemanns Po wandern. Ein bisschen Zwicken, ein bisschen Streicheln. Ich merke, wie unangenehm Hünemann das ist. Mir ja auch. Trotzdem weiter.

Der Ball fliegt rein, mein Finger wandert auf seinem Allerwertesten umher wie auf einer Straßenkarte. Er schlägt meine Hand weg.

»Ups, war das dein Popo?«, sage ich leise.

Hünemann starrt krampfhaft nach vorne. Er ist das perfekte Opfer. Nun geht es darum, die Geduld eines Komodowarans aufzubringen. Der beißt seine Gegner, verpasst ihnen sein Giftsekret und verfolgt sie dann tagelang, bis sie elendig verenden. Also kneife und nestele ich bei jeder Ecke an Hünemanns Arsch herum. Wenn er sich umdreht, grinse ich ihn freundlich an. Wenn er die Hand wegschiebt, werde ich rabiater. Bei Ecke Nummer sieben gebe ich ihm schließlich einen zärtlichen Klaps auf das Hinterteil, was Hünemann in der momentanen Verfassung zur Reaktion zwingt. Er schwingt mit dem Ellenbogen aus und trifft mich voll an der Schläfe. Mission accomplished.

»Eyyyyyy!« Ich gehe schreiend zu Boden, halte mein Gesicht, wälze mich hin und her.

»Fuck, sorry, Trainer«, höre ich Hünemann sagen.

Ich drehe noch eine Oktave höher: »Spinnst du? Wir sind hier im Training. Ich glaube, meine Nase ist gebrochen«, schreie ich.

»Scheiße, weg da, Hünemann«, höre ich Martin, der sich zu mir runterbeugt. »Lass mal sehen.«

»Hau ab, Mann. Macht euren Scheiß einfach alleine. Ich tue und mache hier seit Monaten alles für euch, und das ist der Dank, oder was?«, brülle ich, noch immer die Hand vorm Gesicht.

»Spinnst du, Hüne?«, höre ich Chris.

»Hast du einen Knall?«, legt Lutz nach.

»Aber er hat mich provoziert«, stammelt er.

»Na und, was soll das, Mann?« Martin schubst ihn weg. Zeit für das Finale.

»Halt, stopp. Hünemann hat recht. Mir geht es gut.« Ich steh auf und grinse.

»Unser Langer wurde soeben vom ›Arschtronom‹ erwischt.«

»Arschtronom?«, fragt Dölli.

»Genau. Wenn es im Strafraum eng zugeht, bei Ecken, Freistößen, kann man gerne mal etwas Tuchfühlung zum Allerwertesten des Gegners aufnehmen. Unauffällig kneifen, streicheln, den Gegner aus dem Konzept bringen. Ich spiele seit dreißig Jahren Fußball, und in jeder Mannschaft gibt es mindestens drei Spieler, die das gar nicht leiden können. Und die irgendwann zum Gegenschlag ausholen. Ellbogen, Schubsen, Revanchefoul: Auf jeden Fall eine Rote, wenn man es gut macht. Das kann nur der ›Arschtronom‹«, sage ich und gucke noch einmal in die Runde. Die Jungs sind fassungslos. Fassungslos und fasziniert.

»Trainer, du bist kein Arschtronom. Du bist ein Arschloch. Bin ich froh, dass du nicht beim Gegner bist«, sagt Hünemann.

»Geile Nummer, echt. Nur an dem Namen musst du noch arbeiten«, sagt Dölli. Die Mannschaft lacht laut auf, der Restalkohol ist nun endgültig verbrannt, ich sehe Feuer in den Augen.

»Weiter geht's. Zweimal zehn Minuten freies Spiel. Der Verlierer muss nach dem Training ein Bier exen«, rufe ich, und die Mannschaft schwärmt aus. Das Spiel hat ein gutes Tempo, alle sind heiß. Dölli trifft aus allen Lagen, Harry rennt die Außenbahn auf und ab, Flasher spielt Pässe in Räume, die andere nicht mal erkennen würden.

»Junge, Junge, da ist Dampf drin. So kann das was werden am Sonntag«, höre ich plötzlich Günter hinter mir rufen. »Gefällt mir gut«, sagt der Präsi und klopft mir auf die Schulter. »Und ich dachte schon, ihr würdet alle besoffen in der Koje liegen, als du das Telefon nicht abgenommen hast.«

»So ein Quatsch«, sage ich: »Wir haben heute extra früher angefangen. Ich kann die Jungs kaum einfangen. Motiviert bis in die Haarspitzen. Am letzten Spieltag zeigen sie noch mal eine richtig professionelle Einstellung«, sage ich und muss kurz grinsen.

13.
Quält euch, nicht uns

Sonntag 11:03 Uhr: Das letzte Riff von »Highway to Hell« verklingt, schon rammdöst der Ballermann-Hit »Hey Baby« aus den Boxen über den Sportplatz. Der Soundtrack zum großen Finale. Stammtorhüter Lutz, der sich beim Abschlussspiel im Trainingslager den Fuß verknickt hat, humpelt an Krücken unter die Zuschauer und wird Zeuge.

»Früher«, erzählt Hotte mir zur Begrüßung mit enttäuschtem Kopfschütteln, »kamen hier zu wichtigen Spielen gut und gerne fünfhundert Leute. Heute steht das letzte Spiel der Saison an, es geht um alles oder nichts, und es sind vielleicht neunzig. Höchstens. Und da ist der Hund vom Günter schon mitgezählt.«

Früher. Als ich noch klein war, hat mich mein Vater Heimspiel für Heimspiel mitgenommen. War Ehrensache, die Jungs zu unterstützen. Unsere Gemeinde, unser Verein. Für mich war immer klar: Da will ich auch mal hin, auf den Rasen. Für unsere Gemeinde spielen, vor unserer Gemeinde.

Das hat mir als kleiner Junge mehr bedeutet, als für Borussia Dortmund aufzulaufen. Und es hat mir auch dann noch viel bedeutet, als klar wurde, dass es mit meinem Talent beim ganz großen Fußball nichts wird. Mir doch egal, ob ich vierzig Kilometer weiter vielleicht eine Liga höher spielen könnte. Es geht doch darum, für seine Heimat aufzulaufen, für seine Heimat zu gewinnen. Und genau das habe ich geschafft. Ich spiele Fußball, die schönste Nebensache der Welt, für meinen Verein, den besten Verein der Welt. Aber ausgerechnet heute bin ich verletzt, ausgerechnet heute kann ich nur tatenlos mit ansehen, wie die Jungs sich schlagen, wie sie sich gegen den Abstieg zur Wehr setzen im großen Finale einer verkorksten Saison.

Wir haben im Vorfeld mächtig aufgefahren für den großen Tag. Tombola, Grillstand und freier Eintritt für Kinder. Unser Präsident hat eine Anzeige in der Neuen Allgemeinen geschaltet und am Marktplatz ein Plakat anbringen lassen: »Wir für euch, ihr für uns! Kommt zum letzten Saisonspiel, und helft mit, den Abstieg zu vermeiden! Freibier ab 12 Uhr.« Vielleicht hätte er den Aufruf lieber auf Facebook starten sollen.

So stehen hier wie immer nur die üblichen Verdächtigen. Die größte Gruppe: die Angehörigen. Die Freundinnen, Frauen und Familien der Jungs. Den meisten sieht man an, dass sie an ihren Wochenenden lieber woanders wären. Aber hilft ja nix, sie müssen schließlich hinter ihren Liebsten stehen. Und wenn das Kind im Babywagen noch so laut quengelt. Zur Familie gehört eben auch der Verein. Mitgefangen, mitgehangen.

»So viel Training in letzter Zeit«, sagt die Freundin von Martin, »ich bekomme ihn kaum noch zu sehen.« Immerhin.

Andere würden vielleicht sagen: Gut, dass der Alte aus dem Haus ist. Die Perle von Lutz sagt: »Hast du das Kombucha-Rezept probiert, das ich dir geschickt habe?« Für sie ist Fußball das, was Lutz liebt. Und wenn Lutz glücklich ist, sind alle in der Familie glücklich.

Den Frauen und Freundinnen stehen die Mütter und Väter von uns Spielern zur Seite. Die Mütter machen auf Mütter, sorgen für gute Laune und packen tatkräftig mit an, die Väter stehen stoisch daneben und schlagen Wurzeln. Ihre Grundhaltung: »So wird das nix!« Und das haben sie schon immer gewusst. Die Jungs sind zu weich, der Trainer ist zu weich, der ganze Fußball ist zu weich. Früher war das anders, klar. Als sie selbst noch gespielt haben. Das waren vielleicht Schlachten! Nicht so ein Wattebausch-Chichi wie heute. Da war Fußball noch Männersport und Ehrensache. »Da gab es auf den Sack und hinterher ein Bier.« Und jeder einzelne von uns weiß, dass ihre Väter schon genauso gesprochen haben. Und dass unsere Söhne irgendwann genauso sprechen werden. Der natürliche Lauf der Dinge.

Und wenn ihr eigener Junge dann zum Aufwärmen an ihnen vorbeiläuft, quetschen sie nur mit Mühe etwas durch die zum Knastgitter der Gefühle gepressten Zahnreihen: »Komm, Junge! Gib Gas!« Die Hände in den Hosentaschen, die Augen zu Sehschlitzen verengt. Der ganze Körper steht unter Anspannung, als stünde hier gleich eine Darmuntersuchung an und kein Fußballspiel. Insgeheim sind sie unheimlich stolz auf ihre Söhne, behaupten ihre Frauen.

»Das is mein Junge«, rufen diese Väter während des Spiels manchmal. Wenn ihr Junge ein Tor geschossen oder hinten einen von der Linie gekratzt hat. Ich bin mir nie so sicher, ob das wirklich Stolz ist. Oder einfach nur Erleichterung. Ob da nicht auch Eigenlob mitschwingt. Der Vater ist schließlich immer der erste Trainer. Derjenige, der seinem Jungen im Garten, im Park oder auf dem Bolzplatz um die Ecke die Grundlagen beigebracht hat.

»Links wie rechts gleich stark. Hab ich immer drauf geachtet«, sagen sie. »Dat is mein Junge«, sagen sie. Und das heißt so viel wie: »Alles mein Verdienst.« Was sich im Zweifelsfall leicht umkehren lässt in: »Dat hat er aber nich von mir!« Und was manchmal einfach verkürzt wird zu: »Junge!« Wenn es mal nicht so läuft. Wenn Kreisliga mal wieder einfach nur nach Kreisliga aussieht. »Junge!«

Ein Ausruf, der auch den Müttern gelegentlich entfährt. Und dann doch etwas ganz anderes meint. Denn Mütter – es ist so wahr wie oll –, Mütter machen sich vor allem: Sorgen. Und wenn ihr geliebter Sohn während des Spiels zu Boden geht, prasselt es aus ihnen heraus: »Mein Junge …« Dann suchen sie die Nähe zu ihren Leidensgenossinnen, suchen die Nähe zu den Frauen und Freundinnen der Spieler, die sich doch bitte genauso sorgen müssten. Und insgeheim machen die Mütter den Frauen und Freundinnen Vorwürfe: »Warum lässt du ihn auch mitspielen! Das ist doch viel zu gefährlich!«

Gut, dass der Vater nicht weit ist und selbst bei einem offenen Bruch zu beruhigen weiß: »Nur ein Kratzer. Wird wieder.« Dabei denkt er: Alles Mimosen. Aber auch: Das habe ich genau gesehen. Wenn er das noch mal macht, bekommt er von mir ein paar Takte zu hören. Mein eigen Fleisch und Blut so anzugehen!

Uns Spielern sind unsere Mütter natürlich furchtbar peinlich. Unsere Frauen dürfen ruhig sehen, was für einen tollen Hecht sie geangelt haben. Den Matchwinner. Unsere Väter dürfen ruhig sehen, wie gut sie uns trainiert haben damals. Im Garten, im Park oder auf dem Platz um die Ecke. Sie können stolz sein heute. Auch wenn sie es nicht zeigen können. Das leichte Nicken, das hin und wieder gegrunzte »Jawoll!« nach einer unserer Aktionen sind Wertschätzung und Respekt genug.

Mit Respekt hat das, was unsere Ultras Spiel für Spiel veranstalten, wenig zu tun. Keine Ahnung, wie man auf die Idee kommt, bei einem Kreisligisten auf Ultra zu machen. Pure Langeweile, nehme ich mal an. Vielleicht haben sie Hausverbot im Einkaufszentrum.

Aber manchmal sind die Jungs, die meisten von ihnen spielen für unsere Jugendteams, ja auch ganz witzig. Sie alle haben sich Schals mit unserem Vereinsemblem bedrucken lassen, sie tragen auch im Winter und bei Einbruch der Dunkelheit noch Sonnenbrillen, und hin und wieder haben sie sogar Banner dabei. Olle Bettlaken, die sie mehr schlecht als recht selbst bemalt haben. »Sektion Kreisliga«, steht darauf oder: »Gegen Kommerz«, oder: »Pro Fußpils«. Die packen sie dann aus ihren Markenrucksäcken aus, die ihnen Mama und Papa gekauft haben. Denn: Kommerzkritik ist ja schön und gut und wichtig, aber deswegen muss man ja nicht rumlaufen wie ein Penner.

Wenn das Derby ansteht, haben sie sogar Pyrozeugs am Start. Dann halten unsere sieben Ultras Brandfackeln in die Höhe und sorgen für Stimmung. Nach spätestens dreißig Minuten Spielzeit sind sie breit wie Russland. Vom Spielgeschehen bekommen sie schon vorher kaum etwas mit. Sie singen einfach neunzig Minuten durch: »Auf geht's, Jungs, schießt ein Tor für uns …« Auch wenn wir gerade vierzig Meter vom Tor entfernt darauf warten, dass der Ball zum Einwurf geholt wird, weil ihn der Gegner in Richtung Nachbardorf geklärt hat.

Einer von ihnen spielt seit einiger Zeit bei uns mit. Keine Ahnung, wie der heißt. Ist ein ganz ruhiger Typ. Neulich habe ich ihn mal gefragt: »Warum macht ihr das eigentlich?« Da hat er den Blick gesenkt und ganz leise entgegnet: »Weiß nich. Is lustig.« Muss man nicht verstehen. Aber wenn die alle so rennen wie er, dann könnten gerne noch mehr von denen bei uns anfangen.

Neben den Ultras kommen immer auch noch ein paar ganz normale Zuschauer. Treue Seelen. Haben nie selbst gekickt, besuchen aber seit zehn Jahren unsere Spiele. Für die Ultras haben sie kein Wort übrig. Ansonsten kennen und grüßen sie alles und jeden.

Sie sind das, was unsere Väter nicht sein können: Mutmacher. Von einigen wissen wir noch nicht mal den Namen. Manche haben mannschaftsinterne Spitznamen: Pudel, weil er immer seinen Pudel dabei hat. Der will wahrscheinlich nur mal raus am Sonntag, weg von der Alten, also kommt er bei uns vorbei. Und Bürste: der Typ mit dem Bürstenhaarschnitt, der uns alle beim Vornamen kennt und immer reinruft: »Gut so, Chris! Jawoll, Martin!« Bis jetzt hat keiner herausgefunden, wer das ist. Und der Typ mit dem Stumpen. Steht immer nur am Rand, pafft pro Halbzeit eine Zigarre, sagt nichts weiter. Kommt mit dem Anpfiff, geht mit dem Abpfiff.

Andere kennen wir aus dem Alltag. Den Bäckermeister, den Feuerwehrmann, den Hausmeister vom Rathaus. Männer, die wissen, was sie wollen, die wissen, was wir brauchen. Männer, die uns zurufen, wenn wir an ihnen vorbeilaufen: »Flasher, heute machst du ’ne Bude!« Oder: »Riu, gönn dir noch was aus deinem Köfferchen, heute is wichtig!«

Ist natürlich alles kalter Kaffee. Tut aber trotzdem gut. Gibt der Sache Gewicht. Wenn du das Gefühl hast, da ist jemand, den das interessiert, der mit dir mitfiebert und der dir nur das Beste wünscht, dann packst du die Sache anders an. Dann bist du heiß. Dann ist dir scheißegal, ob das der Abstiegskampf in der Kreisliga ist. Plötzlich fühlst du dich am Nabel der Welt angekommen.

An der Seitenlinie stehen Menschen, die nicht nur einfach so da sind oder weil sie zu deiner Familie gehören und dich deshalb unterstützen. Da draußen stehen Menschen, die hoffen, dass du etwas auf die Reihe kriegst. Für sie, für dich, für uns. Was für ein Gefühl!

Und was für ein beschissenes Gefühl, dann doch nicht dabei zu sein, weil man verdammt noch mal verletzt ist. Aber auch dafür sind die treuen Seelen gut. Ihr Blick sagt irgendwas zwischen »Mensch, Junge, scheiße« und »Komm, Junge, macht nichts«. Sie schütteln dir die Hand, zur Verbrüderung im Geiste, und bauen dich auf: »Junge, was los?! Verletzt?« Und dann lädst du alles bei ihnen ab: »Dumme Sache aus dem Abschlusstraining. Erst habe ich mir nichts dabei gedacht. Aber am nächsten Tag war das Knie so dick wie ein Volleyball. Ich gleich zum Arzt. Der hat natürlich wie immer keinen Plan und verordnet mir Schonung und Kühlung. Und jetzt steh ich hier und muss zusehen.«

Die treuen Seelen hören dir zu, ganz aufmerksam, als wäre es ihnen selbst widerfahren, dann klopfen sie dir auf die Schulter und sagen: »Junge, Kopf hoch. Das wird schon wieder. Du hast genug geackert. Jetzt machen die Jungs den Rest. Du erholst dich schön, und nächste Saison greifst du wieder richtig an!« Und du weißt, dass das alles hohle Phrasen sind. Du weißt aber auch, dass sie diese Phrasen wirklich meinen. Und das ist gut. Und dir geht es tatsächlich besser. Und du glaubst jetzt auch an den Klassenerhalt. So beschissen dein Gefühl heute Morgen auch war. Es kann einfach nicht sein, es *darf* einfach nicht sein, dass diese treuen Seelen enttäuscht werden.

Dann sind da noch die Experten: Trainer anderer Mannschaften, Spieler anderer Mannschaften, Lokaljournalisten. Stehen gewichtig am Spielfeldrand und üben Feldherrenposen. Ganz so, als hätten sie ein Spezialwissen abonniert. Als wäre die Kreisliga für sie nur ein Durchlauferhitzer. Auf dem Weg in die höhere Liga. Zur besseren Zeitung. Sie alle kommen – und bleiben. Der Typ von der Lokalzeitung macht den Job schon zwanzig Jahre. Ich habe keine Ahnung, was einen guten Journalisten ausmacht. Aber ich weiß: Er ist keiner von ihnen. Er hat keinen Schimmer. Aber das ficht ihn nicht an. Er macht einfach weiter, immer weiter. Alles braucht seine Chronisten.

Der Journalist macht gern auf Zampano à la »Ich habe alles gesehen, mir kann keiner was vormachen«. Dann schleicht er sich an die Trainerbänke und fragt knallhart nach bei Uwe: »Und, bester Mann heute?« Und Uwe weiß, wie der Hase läuft. Er weiß, dass wir immer alle über den Lokaljournalisten fluchen. Er weiß aber auch, dass wir am Ende des Tages doch auch alle lesen, was er über das Spiel geschrieben hat. Also steckt Uwe dem Lokaljournalisten, dass ausgerechnet Riu der beste Mann gewesen sei. Weil einer wie Riu zwar über ein überschaubares Talent verfügt, aber immer alles gibt. Weil er zu jedem Training kommt. Und der Lokaljournalist schreibt das genau so. Weil er findet, dass seine Tätigkeit »auch eine didaktische Komponente hat«.

Neben dem Journalisten stehen die Trainer unserer Konkurrenten. Zur Gegnerbeobachtung, Kreisligastyle. Erkennungszeichen: Funktionskleidung. Sie fuchteln wild mit den Armen herum, weil sie ja ganz genau sehen, woran der Spielaufbau oder die löchrige Abwehr unserer Mannschaft krankt: »Der Sechser macht die Mitte nicht zu. Die Außen helfen sich nicht. Und vorn, vorn muss er prallen lassen und den tiefen Lauf anbieten.« All diese Erkenntnisse gewinnen sie bei der Analyse unserer Spiele. Zwei Tage später trainieren sie mit ihren Jungs fünf gegen zwei. Mit vier Mann.

Gleich geht's los, gleich entscheidet sich die Saison. Happy End oder Super-GAU. Hotte stellt sich an meine Seite, sagt: »Früher wäre hier heute mehr los gewesen. Aber egal. Hauptsache, wir packen das.« Ich schaue ihn an, die treueste aller Seelen, in seinen Augen steht ein banger Blick. Ich glaube, ihm ist eigentlich egal, in welcher Liga er den Rasen hegt und pflegt. Er hat schon genug erlebt, er weiß, dass alles immer nur eine Momentaufnahme ist. Aber ich bin mir sicher, ihm ist nicht egal, was das mit den Menschen macht, die heute hier sind. Auf dem Platz und daneben. Denn Fußball, das ist immer noch »wir gegen die«. Und wir, das sind alle: die Familien, die Ultras, die treuen Seelen und die Mannschaft. Und jeder hat sein Päckchen zu tragen. Und für jeden wäre es leichter, wenn das hier heute gut geht.

Wer hat die Abseitsposition besser gesehen als der Schiri?

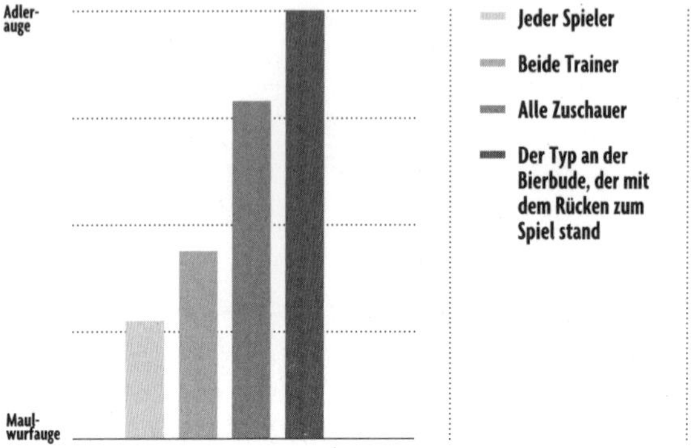

Die typischsten Schiedsrichter-Komplimente

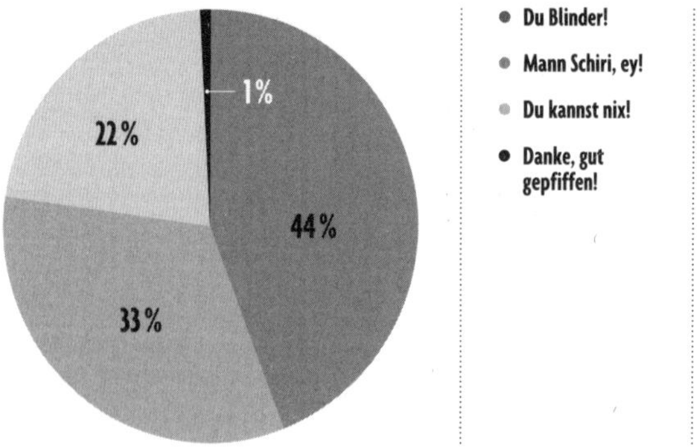

14.

Das Problem liegt meist zwischen den Ohren

Sonntag, 11:14 Uhr: Zwei verschiedene Socken, T-Shirt auf links, Hose auf halb acht, so springt Dölli aus seinem Auto, schnipst die Kippe gegen den mit Werbeanzeigen übersäten Kleinbus der Gegner und hastet eiligen Schrittes Richtung Sportanlage. Vor der Kabine steht bereits die gegnerische Mannschaft und begrüßt den Zuspätkommer wortkarg, aber mit abschätzigen Blicken. Das letzte Spiel. Noch neunundfünfzig Minuten bis zum Anpfiff.

Fuck, zu spät. Ausgerechnet heute, wo es um alles geht. Döllberger, der Idiot, werden gleich alle denken, wenn ich in die Kabine komme. Aber keiner wird es sagen. Denn Döllberger ist der Chef im Ring. Das wissen sie eben auch.

Ich habe mir heute vorgenommen, vorneweg zu gehen. Weil die Mannschaft an diesem Tag jemanden braucht, der sich ins Feuer wirft. Keinen Martin, mit seinem akademischen Gebrabbel. Keinen Uwe, mit seinen taktischen Spielereien. Nein, heute ist ein Döllberger gefragt. Einer aus ihrer Mitte. Ich renne über die Waschbetonplatten, die unter mir klimpern wie ein kaputtes Klavier.

»... aufs Klo geht – dann gehst du hinterher. Verstanden, Chris?« Ich höre Uwe durch das offene Fenster. Nicht ganz so schlau, wenn der Gegner draußen steht und auf den Schlüssel wartet. Wortlos gehe ich an den Spacken vom SC vorbei und reiße die Kabinentür auf. »Dölli, schön, dass du es auch noch geschafft hast«, begrüßt mich der Trainer.

»Sorry, Jungs. Mein Fehler«, sage ich und gehe zu meinem Platz. Riu rückt reflexartig einen Stück nach links. Das macht der immer so. Keine Ahnung, warum. Wahrscheinlich, weil Döllberger der Chef im Ring ist.

»Heute kommt es nicht darauf an, was der Gegner machen will. Heute kommt es auf unseren Kopf an. Der Kopf ist unser drittes Bein, Männer«, sagt Uwe.

Ich höre nur mit einem Ohr zu, denn ich habe mir was überlegt. Ich fummele die Bluetoothbox aus meiner Tasche und stelle sie vor mich auf den Boden, dann krame ich mein Handy aus der Tasche und fixiere Chris. Er wirkt angespannt, alle wirken angespannt. Wüsste ich es nicht besser, würde ich sagen: Wir sind richtig fokussiert.

»Und jetzt ziehen wir uns um, gehen schnurstracks am Gegner vorbei und machen uns warm. Auf geht's.«

Uwe klatscht in die Hände, und alle machen mit. Ein lautes »Jawolljamanncomeon« erschüttert den Raum. Mein Signal. Ich stehe auf:

»Männer, ich weiß, ich bin nicht der Typ für große Reden. Und Uwe hat eigentlich auch alles gesagt, aber dennoch möchte auch ich heute vor diesem wichtigen Spiel das Wort ergreifen.« Ich starte den Song. »Lose Yourself« von Eminem.

Chris setzt sich wieder hin, Kai haut Hünemann in die Seite, beide grinsen. Uwe schiebt verträumt seine kleinen

Magnetscheiben auf der kleinen Spielfeldtafel hin und her wie eine Wahrsagerin ihre Tarotkarten.

»Männer, im Alter von vier Jahren habe ich hier das erste Mal gegen einen Fußball getreten. Ich gehe jede Woche auf unseren Sportplatz und gebe eigentlich immer hundert Prozent. Manchmal sind es vielleicht nur neunundneunzig Prozent, dann steckt ein Prozent Döllberger noch in irgendeiner Perle.« Ein kleiner Gag am Anfang der Rede lockert die Stimmung. Keiner lacht. Weiter.

»Und in all den Jahren bin ich noch nie abgestiegen.« Ich drehe die Musik ein bisschen lauter. Der Effekt sitzt, plötzlich schauen mich alle an. »Aber es geht heute nicht um mich. Es geht um den Verein, der für uns alle so was wie ein Zuhause ist. Hier interessiert es keine Sau, ob einen die Freundin kacke behandelt hat oder der Chef ein Arschloch ist. Hier geht es um Fußball, Gemeinschaft und Freundschaft.« Genau im richtigen Moment setzt der Beat ein. »Ich habe da draußen gerade die Pfeifen vom SC gesehen. Die haben heute den Prettmann dabei. Der war mal Torschützenkönig in der Oberliga und hat eigentlich im Winter aufgehört. Jetzt ist er wieder da. Das heißt: Die werden uns heute nichts schenken. Im Gegenteil, die freuen sich diebisch darauf, uns eine Liga tiefer zu schicken. Gestern hat mir ein Kumpel erzählt, dass die ein Fünfzigliterfass vom TUS bekommen, wenn sie uns heute schlagen.« Ich blicke in die Runde und lese das Wort »Wichser« von Chris' Lippen. Die Musik wird immer mächtiger, ich lasse die Worte einfach fließen.

»Und ich weiß nicht, wie es euch geht, aber ich habe keine Lust, dass ausgerechnet diese Gurkentruppe da draußen auf Kosten unseres Erzrivalen in zwei Stunden auf unserem Vereinsgelände die Party ihres Lebens feiert. Die wollen in unser

Wohnzimmer pinkeln, unseren Schnaps leer saufen und unsere Freundinnen anbaggern. Wollen wir das?« Ich sehe verstörte Blicke. »Wollen wir das?«, brülle ich also deutlich lauter.

»Nein«, kommt es zaghaft zurück. Ich muss noch einen Gang hochschalten.

»Für einige mag es nur Fußball sein, aber für mich ist es mehr. Ich weiß, dass wir ein Sauhaufen sein können. Sorry, Uwe. Aber ich weiß auch, dass in dieser Mannschaft genügend Charakterien stecken, um uns hier und heute aus dem Dreck zu ziehen. Glaubt ihr das auch?«

»Joa«, kommt es wenig überzeugt zurück. Was ist hier los? Ich muss mehr geben, Vollgas.

»Mein Vater hat letzten Sonntag zu mir gesagt: ›Warum gehst du überhaupt noch hin? Die haben doch alle schon aufgegeben.‹ Mein Vater ist ein Idiot. Zumindest, was Fußball angeht. Er will nicht verstehen, dass wir gut genug sind, um jedes Team in dieser Liga zu schlagen. Dass wir fit genug sind, um jedes Team in dieser Liga in Grund und Boden zu rennen. Und dass wir dreckig genug sind, um jeden Gegner neunzig Minuten spüren zu lassen, dass hier nichts zu holen ist. Heute, Männer, ist es an der Zeit, dass wir das beweisen. Dass wir rausgehen und von der ersten Sekunde an keinen Zweifel aufkommen lassen.« Ich nehme einen Schluck aus der Wasserflasche und drehe noch mal am Lautstärkeregler.

»Wer heute in dieser Kabine sitzt und nicht heiß wie Frittenfett ist, kann meinetwegen gehen. Den brauchen wir nicht. Wer sich gleich das Trikot vom TSV überstreift, der muss brennen wie eine Fackel. Wollt ihr brennen wie eine Fackel?«, meine Stimme überschlägt sich fast.

»Ja, Mann!« Die Jungs werden lauter, und ich sehe ein gewisses Funkeln in ihren Augen. Ein Fünkchen, aber immerhin. Zeit für meinen finalen Punch. Zeit, die Musik auf Anschlag zu drehen.

»Der große Michael Jordan hat mal gesagt: ›Ich habe fast dreihundert Spiele in meinem Leben verloren. Sechsundzwanzigmal wurde mir der alles entscheidende Wurf anvertraut. Und ich habe ihn jedes Mal verfehlt. Ich habe immer und immer wieder versagt. Und genau deshalb wurde ich so erfolgreich.‹« Ich blicke in die Runde. Alle starren mich an. »Auch wir haben in dieser Saison schon neunzehnmal versagt. Neunzehnmal hatten wir die Chance, uns frühzeitig zu retten. Und wir haben sie verpasst. Heute ist der Tag, an dem wir zeigen können, dass wir keine Loser sind. Heute ist der Tag, an dem wir uns alle neunzig Minuten den Arsch aufreißen, bis es brennt. An dem wir laufen, bis die Galle hochkommt. Und kämpfen wie die Löwen. Für Uwe. Für Archie. Für Hotte. Für unsere Mannschaftsfahrt und unser Ego. Und meinetwegen auch für Günter, den alten Geldhai. Aber vor allem für den TSV.«

Ich steige auf die Bank und breite die Arme aus. Die Musik pumpt sich ihrem großen Finale entgegen: »Männer, heute ist ein guter Tag, um ein Held zu werden. Ein Tag, an dessen Ende wir ein Foto schießen werden, das noch in zwanzig Jahren in Archies Kneipe hängen wird. Und vor dem unsere Kinder stehen werden – mit einer Fanta in der Hand – und sich unsere Heldengeschichte zuraunen. Und deswegen gehen wir jetzt da raus und rammen den Gegner ungespitzt in den Boden. Wollen wir das?«

»JAAAAA!«, schmettert es durch den Raum.

»Denn hier und heute geht nur eine Mannschaft stolz vom Rasen. Und das bleibt der einzig wahre, der große, der unzerstörbare, der mächtige, der unabsteigbare TEEEEEEEEEEEEEEE …«

»ES VAU!« Alle brüllen aus voller Seele, Chris klatscht in die Hände, Martin rüttelt an Harry, Kai haut gegen die Kabinentür. Plötzlich springt Schnecki auf und rennt brüllend zur Tür. »JAAAAAAAAAA«, höre ich es an mir vorbeiziehen.

»Starke Rede«, sagt Uwe im Vorbeigehen und klopft mir auf die Schulter. »Machst du die Jungs heute auch warm?« Das war wohl keine Frage, sondern eine Arbeitsanweisung.

»Alle Mann in eine Reihe«, brülle ich. »Wir laufen, auf eins klopfen wir uns auf die Brust, auf zwei klatschen wir auf die Schenkel, auf drei brüllen wir ›huh‹.«

Kurze Zeit später donnert es aus fünfzehn Männerkehlen über den Rasen: »Huh!« Und weiter. Eins. Zwei. Drei. Eins. Zwei. Drei. Nach der ersten Bahn blicke ich rüber zum Gegner, der einigermaßen erstaunt wirkt.

»Und lauter«, brülle ich also. Eins. Zwei. Drei. Huh. Es wird immer mächtiger. Eins. Zwei. Drei. Huh. Immer weiter. Ich blicke wieder rüber zum Gegner und fixiere den Kapitän. Eins. Er guckt verdutzt in meine Augen. Zwei. Ich starre ihn an, grinse und nicke ganz langsam. Drei. Huh! Momentan steht es 1:0 für uns.

Wir stellen uns zum Dehnen auf. »Harry macht die Übung vor, alle machen es nach. Zwischen den Übungen leichter Hopserlauf«, höre ich mich sagen. Harry legt los mit dem Seitfallschritt.

»Für die Leisten«, sagt er. Da ergreift plötzlich Martin das Wort: »Männer, eigentlich haben Uwe und Dölli alles gesagt. Aber ich als Kapitän würde auch gerne ein paar Worte an euch richten. Wir alle träumen davon, einmal einen Gegner mit einem beiläufigen Übersteiger stehen zu lassen wie

Marco Reus. Einmal neunzig Minuten fehlerlos die Außenbahn zu beackern wie Philipp Lahm. Einmal einen unhaltbaren Schuss aus dem Eck zu fischen wie Manuel Neuer. Wir alle träumen davon, uns für ein paar kurze Augenblicke vom Raunen der Zuschauer tragen zu lassen. Das Gefühl zu haben, dass man selber auch Profi sein könnte, wenn man nur mehr trainiert, bessere Mitspieler oder nicht in der A-Jugend diesen verdammten Meniskusriss gehabt hätte. Doch ›hätte‹, ›könnte‹ und ›würde‹ sitzen selber in der Kreisliga auf der Ersatzbank.«

Harry macht die nächste Übung vor. Er zieht seine Ferse an den Po. »Für den vorderen Oberschenkel«, sagt er beiläufig.

»In unserer Liga ist die Chance, grandios zu scheitern, allgegenwärtig. Sie ist Teil der Abmachung, die wir mit der Unterschrift auf dem Spielerpass eingegangen sind. Jeder von uns ist nur ein Luftloch davon entfernt, Hauptdarsteller einer Geschichte zu sein, die sich ab morgen die Spatzen im Vereinsheim über die randvollen Aschenbecher hinweg erzählen werden. Aber das ist nur die eine Seite. Denn jeder von uns kann sich selbst mit einer Aktion, einer Grätsche oder einem Tor ein kleines Denkmal errichten, von dem er eines Tages nur den Staub abpusten muss, um seinen Enkeln davon zu berichten. Davon, dass der Opa mal ein ganz Großer unter den eher Kleinen war.«

Harry setzt sich hin, spreizt die Beine und greift sich an die Fußspitze. »Für den hinteren Oberschenkel«, raunt er.

»Wir müssen akzeptieren, dass wir nicht perfekt sind. Jede Woche aufs Neue. Aber wir alle haben einst als kleine Steppken unseren Mut zusammengenommen. Wir sind einfach auf den Bolzplatz gegangen und haben mit wildfremden Kindern das erste Mal einem Ball hinterhergejagt. Weil wir merkten, dass man nicht unbedingt all das können muss, was die anderen draufhaben, um Teil einer Mannschaft zu sein. Aber man muss wenigstens die Bereitschaft mitbringen, sich zu quälen. Für den anderen da sein, notfalls den ein oder anderen Fehler ausbügeln. Und genau darum geht es heute«, sagt Martin.

Harry steht auf und macht einen Ausfallschritt nach vorne: »Gewicht leicht nach vorne verlagern, das hintere Bein durchstrecken. Für die Waden«, sagt er.

»Wir gewinnen heute sicher keinen Schönheitspreis. Vielleicht gewinnen wir nicht mal das Spiel. Aber wir sollten nachher in der Kabine sitzen und uns in die Augen schauen können, weil wir alles gegeben haben. Wenn das nicht reicht, dann ist das so. Wir dürfen nicht verkrampfen, sondern müssen locker bleiben. Wir machen keine Spielchen, sondern konzentrieren uns auf das, was wir können. Das ist eine Menge, und vor allem ist es etwas, dass wir in dieser Saison noch nicht oft genug gezeigt haben«, sagt Martin.

Harry geht nun zum Liegestütz runter. Jetzt übertreibt er aber.

»Ist gut, Harry, wir spielen fünf gegen fünf. Flasher, du bist der freie Mann«, ruft Uwe.

»Ganz kurz noch, Uwe«, fällt ihm Martin ins Wort. »Was ich sagen wollte, ist Folgendes: Wenn wir nachher in der Kabine sitzen und Schnecki uns die Mollen zuwirft, dann sollte jeder von uns stolz sein können. Stolz auf seine eigene Leistung, aber auch stolz auf die Mannschaft. Ein verhinderter Abstieg kann sich anfühlen wie ein Meistertitel. Also lasst uns noch einmal alles raushauen.«

»Jawoll!«, rufen alle und klatschen in die Hände. Kai haut sich wie King Kong auf die Brust. Uwe verteilt die Leibchen. Ich blicke noch mal auf die andere Seite des Platzes, wo die Gegner die Torschüsse bereits reihenweise über den Kasten nageln. Vier von ihnen stehen an der Mittellinie und starren zu uns rüber. Ich drücke die Brust raus und starre zurück. Fünf Sekunden, zehn Sekunden.

»Dölli, Abmarsch!«, ruft Uwe. 2:0 für uns.

»Nee, Düse, oder was?« Chris blickt zum Vereinsheim. Und tatsächlich: Manfred Düssmann betritt den Rasen. Obwohl man bei ihm besser sagen muss: Er gibt sich die Ehre.

»War klar, dass der sich kurzfristig selbst ansetzt«, sagt Harry. Düse ist Schiriobmann, und jeder Spieler der Liga ist mindestens schon einmal bei ihm zum Rapport angetanzt, um sich eine Nachschulung in Sachen Regelkunde oder guter Erziehung abzuholen. Düse ist die Art Schiedsrichter, die von der ersten Minute an klarmacht, dass nur einer das Spiel entscheiden wird: und zwar er! Gerüchte besagen, dass es schon Spieler gegeben hat, die nach einer Ansage von ihm winselnd in die Badmintonabteilung gewechselt sind.

»Sein Zeigefinger ist bedrohlicher als das Atomprogramm des Iran, seine Pfeife quietscht greller als die Stimme von Carmen Geiss. Der ist so penetrant und penibel, der geht nach dem zweiten Spiel noch seinem eigentlichen Hobby nach: dem ehrenamtlichen Eichen von Blitzanlagen«, raunt mir Chris ins Ohr.

Das trifft es ganz gut. Dazu kommt: Er hasst uns abgrundtief. Und: Er pfeift hier und heute.

»Guten Tag, die Herren«, ruft Düse über den Rasen. »Einmal Passkontrolle bitte«, bellt er hinterher.

»Ernsthaft, Düse? Heute?«, bellt Uwe zurück.

»Für dich immer noch Manfred Düssmann oder Herr Schiedsrichter«, blafft der. Damit steht es wohl 2:1.

»Stark, Männer, wir gehen noch mal rein«, ruft Uwe. Und wie es der Zufall will, macht sich auch der Gegner gerade auf den Weg in die Kabine. Ich suche Prettmann raus und gehe schnurstracks auf ihn zu. Mein Blick hängt förmlich an ihm, und er scheint das zu spüren. Sein Schritt wird immer schneller, aber der entkommt mir heute nicht. Brust raus, Augen starr geradeaus. Am Kabineneingang warte ich auf ihn, plötzlich stehen wir ganz nah beieinander.

»Kleiner Tipp von mir: Bleibt heute besser in eurer Hälfte. Auf unserer Seite wird es sehr wehtun«, raune ich ihm zu.

Er guckt mich an. Breites Grinsen. Doch da ist es. Er schluckt, sein linkes Augenlid zuckt. Er hat Schiss. 3:1 für uns. Düse, Anpfiff!

15.

Im Fußball bist du entweder Gott oder Bratwurst

Montag, 09:14 Uhr: Ein Windstoß reißt die Reste einer Papiertischdecke von der Bierzeltgarnitur. Wie eine Friedenstaube entschwindet sie gen Himmel. Der Präsident tritt auf der Stelle herum, Platzwart Hotte lässt sich in seinen Campingstuhl fallen und greift zur Zeitung.

Ich schlage den Sportteil auf und sehe es in riesigen Buchstaben. »Tristesse beim TSV!« Darunter ein Bild von Chris und Escher mit leeren Augen, während die SC-Spieler im Hintergrund Bierduschen verteilen. Wenn ich das so schwarz auf weiß sehe, wünsche ich mir einen extra Schuss Cognac im Kaffee.

»Wat erlaubt sich dieser Schreiberling eigentlich«, rufe ich etwas zu laut.

Günter dreht sich um und guckt genervt. Er hat die Hand in der Hosentasche vergraben, geht seltsam gebückt. Den armen Kerl hat das gestrige Spiel so richtig getroffen. Als Mensch – und als Verein. Müde kickt er ein paar Kieselsteine auf den Rasen und brabbelt ohne Unterlass in sein Handy.

»Wir müssen jetzt alle näher zusammenrücken«, höre ich. Und: »Jetzt auszusteigen wäre das falsche Signal.«

An jedem anderen Tag würde ich ihm einen Satz heiße Ohren verpassen. Aber heute lasse ich Gnade vor Recht ergehen. Ich bin schließlich kein Unmensch.

»Denk mal darüber nach, Heinz. Wir können die Jungs jetzt nicht hängen lassen.«

Dann legt er auf und kommt zu mir. Er lässt sich in den Gartenstuhl fallen, gießt sich einen Kaffee in die Tasse und fragt: »Hast du was mit Umdrehungen für mich?«

Ich ziehe wortlos meinen Flachmann aus dem Blaumann und gieße großzügig ein.

»Und, was schreibt Jockel?«

Jörg Langhans, der Eierkopp, begleitet unseren Verein seit bestimmt zehn Jahren für die lokale Zeitung. Seine speckige Lederjacke gehört zum Verein wie Günter selbst. Bei Archie hat der gute Mann keinen Deckel, sondern ein Sparfach. Und je spendabler Günter am Tresen ist, umso wohlwollender fällt der Artikel aus. Gestern war Günter sehr spendabel. Wortlos spendierte er Lokalrunde nach Lokalrunde. Und wir tranken wortlos Pils und Schnaps in uns rein. Was blieb auch noch zu sagen?

»Tristesse beim TSV«, lese ich vor. »Abstieg nach Skandalspiel – Schrader deutet Ausstieg an? Ein Bericht von Jörg Langhans.«

»Was hat denn den geritten? Kein Wunder, dass die Leute mich den ganzen Morgen anrufen? Ist der irre? Lies weiter«, bellt Günter. Hochroter Kopf.

»Große Spiele brauchen große Spieler. Diese alte Fußballweisheit wurde beim gestrigen Saisonfinale der Kreisliga

Staffel 2 mal wieder bestätigt. Denn wie sich zeigte, fehlt es dem TSV an Größe – auf und neben dem Platz. Nach einer chaotischen Saison hatten sich Mannschaft, Trainer und Vorstand extra noch einmal zu einem Trainingslager zusammengefunden, um letzte Energien zu bündeln. Doch was immer dort auch trainiert und besprochen wurde, im letzten und entscheidenden Spiel gegen den viertplatzierten SC konnte die Mannschaft es zu keiner Zeit auf den Rasen bringen.

Dass der TSV gegen den Viertplatzierten mit 2:5 unterging, ist das eine. Doch vor allem das Auftreten der Elf von Uwe Pertfeld angesichts ihres Tabellenplatzes glich einem Skandal.«

Günter greift erneut nach dem Flachmann. Er nimmt einen tiefen Schluck. Sein Gesicht wird bleich wie ein Milchbrötchen. Mein lieber Mann.

»Dabei fing der TSV durchaus vielversprechend an. Bereits vor dem Spiel präsentierte sich die Mannschaft auf beeindruckende Art und Weise als Einheit und ließ die zweiundachtzig anwesenden Zuschauer hoffen. Unmittelbar nach dem Anpfiff legte die Mannschaft los wie die Feuerwehr. Es war zu spüren, dass sie den Sieg unbedingt wollte. Nach zwei Großchancen durch Nick Flatostilakis (1. Minute) und Martin Döllberger (7.), bei denen beiden Offensivmännern, freistehend vor dem SC-Torwart, die Nerven versagten, sorgte schließlich Vereinsveteran Martin Hofmann nach einem Eckball per Kopf für das 1:0 (11.). Ein spürbarer Ruck ging durch die Mannschaft, die Pertfeld-Elf drückte nach vorne. Und tatsächlich, wenig später erhöhte Döllberger per fulminanten Fernschuss aus zweiunddreißig Metern auf 2:0 (23.). Spätestens als TSV-Macher Günter Schrader nach dem Tor auf Knien über den Rasen rutschte, war das Krachen einer tonnenschweren Last zu vernehmen, die in diesem Moment von den Schultern der Spieler und Zuschauer fiel.«

»Der schöne Anzug«, raunt Günter.

Der schöne Rasen, denke ich und tue so, als hätte ich ihn überhört. »Doch anstatt die komfortable Führung zu verwalten, behielt der TSV – angetrieben von einem ungewohnt lautstarken Trainer Uwe Pertfeld – den Fuß auf dem Gaspedal. Mitunter wirkte es, als wollte die Mannschaft die indiskutablen Leistungen der vergangenen Wochen in einem Spiel vergessen machen. Mit sehenswerten Ballstafetten und kompromissloser Defensivarbeit behielt der Gastgeber über lange Zeit der ersten Hälfte das Heft in der Hand. Doch sein couragiertes Auftreten wurde nicht belohnt, unmittelbar vor dem Halbzeitpfiff kassierte der Tabellensiebzehnte nach einer schönen Einzelaktion vom kurzfristig reaktivierten SC-Stürmer Axel Prettmann den 2:1-Anschlusstreffer (45. + 1).«

»Da war die Welt noch in Ordnung«, raunt Günter. »Vielleicht hätte ich nicht in die Kabine kommen sollen. Vielleicht hätte ich keinen Fünfhunderteuroschein an die Wand kleben sollen. Vielleicht hätte ich der Mannschaft nicht sagen sollen, dass sie die Kohle versaufen kann, wenn sie uns den Arsch rettet. Vielleicht war das alles zu viel.«

»Was auch immer Trainer Pertfeld seinen Jungs in der Kabine mit auf den Weg gegeben hat, es war ein Fehler. Denn nach dem Wiederanpfiff präsentierte sich seine Mannschaft wie ausgewechselt. Statt den Ball in den eigenen Reihen zu halten und den Gegner kommen zu lassen, unterliefen dem TSV immer wieder unerklärliche Fehlpässe im Spielaufbau. Mit jeder weiteren Spielminute verflog die Dominanz der ersten Hälfte. Als logische Folge fiel das 2:2 durch ein Eigentor von Routinier Hofmann (49.), der einen Rückpass auf

Torwart Schneckmann zu scharf ansetze. Der nominelle Ersatztorwart – der erst kurz vor Anpfiff von seinem Einsatz erfahren hatte und sich bis zu dieser Szene als sicherer Rückhalt erwies – war sichtlich überrascht und trat über den Ball, der schließlich ins eigene Tor kullerte. Wenn es ein Sinnbild für die Saison des TSV gebraucht hatte, so war es hiermit gefunden.«

Günter sackt immer mehr in sich zusammen. Junge, Junge. Aus dem alten Silberrücken ist ein alter Mann geworden. Ein alter Mann, den ich eigentlich in den Arm nehmen müsste. Aber das bringe ich nich übers Herz.

»Der Ausgleich ließ beim Tabellenvorletzten ganz offensichtlich alle Sicherungen durchbrennen, und so ging im weiteren Verlauf der Partie nicht mehr viel zusammen. Zahlreiche Akteure ließen ihrem Frust nun freien Lauf. Stephan Hünemann sah nach einer Tätlichkeit zurecht Rot (54.). Der Mittelfeldmann zwickte einem Gegenspieler in die Brust. Dem souveränen Schiedsrichter Manfred Düssmann blieb keine andere Wahl, als Hünemann vorzeitig zum Duschen zu schicken. Angesichts der sich aufheizenden Stimmung auf und neben dem Rasen blieb es für den neutralen Beobachter unverständlich, wieso auch Vereinsboss Schrader von der Seitenlinie weiter Öl ins Feuer goss. Nur wenig später sah auch Döllberger nach Rudelbildung in Folge einer Ecke die Rote Karte. Nach Aussagen vieler Gegenspieler soll der TSV-Angreifer während der gesamten Partie seine Gegner unflätig berührt haben. In der entscheidenden Situation ließ Döllberger gar seine Hand in die Hose seines Gegners gleiten. Bei der folgenden Rangelei griff der Einunddreißigjährige seinem Gegner mit voller Wucht ins Gesicht. Döllberger war nach Abpfiff zu keinem Statement bereit.«

»Schwachsinn! Wie sollte Dölli auf so eine dämliche Idee kommen?«, fragt Günter schon etwas lauter. Ich starre auf die Zeitung. Besser mal die Klappe halten jetzt.

»Mit nunmehr acht Feldspielern gab sich der TSV keineswegs geschlagen. Als wirkten die Platzverweise wie Wachmacher. Und beinahe wäre Flatostilakis zum Helden des Tages geworden, doch der Spielmacher des TSV traf nur die Latte (71.). Der SC ließ den abstiegsbedrohten Gastgeber nun weitestgehend gewähren und beschränkte sich aufs Kontern. Doch auch aus den größeren Spielanteilen ergab sich in der Folge keine nennenswerte Torchance mehr für den Vorletzten der Kreisliga. Und so kam, was kommen musste: Bei eigener Ecke warf der TSV nun alles nach vorne, auch Keeper Schneckmann sorgte im gegnerischen Strafraum für Unruhe. Doch nach völlig verunglückter Eckenvariante landete der Ball bei SC-Verteidiger Florian Pöhler, der alleine über das komplette Feld dribbeln konnte und mit seinem ersten Saisontreffer zum 2:3 für den SC einschieben konnte (89.).«

»Natürlich schießt der Fettsack gegen uns sein erstes Saisontor. Und weißt du was, Hotte? Der Kerl arbeitet als Schichtleiter in meinem Betrieb. Wenn der auch nur einen Pieps von sich gibt, schmeiß ich den raus. Koste es, was es wolle.«

Ich müsste jetzt wat sagen, aber mir fehlt einfach die Kraft. Und die Lust auf eine Diskussion mit dem angezählten Boss. Der wird schon noch zur Vernunft kommen. Das wird alles nich so heiß gegessen, wie es gekocht wird, hat meine Änne immer gesagt.

»Danach brach der TSV vollends in sich zusammen. Die beiden Treffer durch Prettmann zum 2:4 (90.) und Schneiderlein zum 2:5 (90. + 2) wurden nur von einem Verweis für TSV-Trainer Pertfeld unterbrochen (90. + 1), der sich die letzten Kreisligaspielminuten seiner Mannschaft durch eine Hecke von außerhalb der Sportanlage anschauen musste. Pertfeld soll Schiedsrichter Düssmann einen ›Suffkopp und Faschisten‹ genannt haben. Auch Pertfeld war nach dem Abpfiff zu keiner Stellungnahme bereit.«

»Hat Uwe nie gesagt. Ich stand daneben, als er den Affenarsch ›Muffkopp und Floristen‹ genannt hat. Was immer das bedeutet«, murmelt Günter. Wem will er eigentlich jetzt noch was beweisen? Ich habe das alles mit meinen eigenen Augen gesehen. Und mit meinen eigenen Ohren gehört. Es gibt nicht den leisesten Zweifel an Uwe seinem Ausraster.

»Soll ich weiterlesen?«, frage ich Günter.

»Mach einfach«, sagt er und lässt den Kopf nach hinten klappen.

»Nach dem Abpfiff sah man überwiegend entsetzte Gesichter. Doch nach diesem peinlichen Auftritt hat sich der TSV den Abstieg durchaus verdient. Bittere Ironie: Nach der Niederlage des Drittletzten, SV, gegen die bereits seit Wochen feststehenden Absteiger der TURA hätte dem TSV im letzten Spiel ein Unentschieden gereicht, um das rettende Ufer zu erreichen.«

»Unfassbar. Nur weil wir auf der Anlage keinen Empfang haben, hab ich die Nachrichten von Kalle nicht lesen können. Den habe ich extra als Kiebitz zur TURA geschickt.« Günter schüttelt den Kopf wie Frau Holle die Kissen und gießt dann noch etwas Kaffee in den Hals.

»Der sonst um kein Statement verlegene Vereinsmacher Günter Schrader blieb nach dem Abpfiff seltsam vage: ›Wir müssen uns jetzt alle hinterfragen. Der Abstieg ist mehr als ein Warnschuss. Er ist ein Schuss ins Knie des TSV. Es ist sicher zu früh für eine detaillierte Analyse, aber klar ist auch, dass hier niemand mehr unantastbar ist‹, so Schrader exklusiv gegenüber der Neuen Allgemeinen. Und so steht der Traditionsklub vor dem Scheideweg. Ohne Schrader wird der TSV nicht mehr zu organisieren sein. Einige Stammkräfte sollen bereits Angebote von höherklassigen Vereinen haben, auch Trainer Pertfeld wird sich zweimal überlegen, ob er den Gang in die Kreisklasse mitgeht. Das einstige Aushängeschild der Region ist nur noch ein Schatten seiner selbst und braucht dringend eine Frischzellenkur. Ob das mit dem alten Führungspersonal zu machen ist, gilt als zweifelhaft.«

»Den Langhans knöpfe ich mir vor. Alle Informationen habe ich ihm explizit im Vertrauen gegeben. Der trinkt die ganze Saison sein Pils auf Vereinskosten und biedert sich an. Und in meiner schwärzesten Stunde als Verein ist der so indiskret. Das wird Konsequenzen haben.«

Plötzlich kehren die Lebensgeister in Günter zurück. Er drückt auf einmal den Rücken durch und sitzt ganz gerade in seinem Stuhl – als hätte ihn einer am Kopp aus dem Dreck gezogen.

»So werde ich den Verein sicher nicht hinterlassen, Hotte. So geht ein Schrader nicht vom Hof.« Seine Augen flackern, und ich bin mir nich so sicher, ob das am Cognac oder an den Herztabletten liegt. Dann drückt er sich aus dem Campingstuhl hoch und steht vor mir wie Napoleon persönlich. Brust raus, die Hände zu Fäusten geballt.

»Wir sind am tiefsten Tiefpunkt angekommen. Es kann nur bergauf gehen. Und aus diesem Grund packe ich jetzt mit doppelter Energie an. Ab sofort werden die Grundlagen für unseren Wiederaufstieg gelegt, Hotte.« Er spricht zwar mit mir, aber ich merke, dass Günter sich selber zunickt.

»Willst du nich erst mal ein paar Tage durchschnaufen, Günter?«, rutscht es mir raus. »Ich meine, ein bisschen Abstand kann nach dem Spiel gestern sicher nich schaden. Wir alle sind aufgewühlt. Den Schneckmann habe ich heute Morgen um sieben Uhr durch den Strafraum schleichen sehen. Der hatte eine Fahne wie ein Rathaus und wollte überprüfen, ob da ein Loch im Rasen ist. Ich glaube, der hatte noch nich mal geschlafen. Das ist doch nich normal«, sage ich.

»Guter Mann, hab ich immer gesagt. Der hat die richtige Einstellung. Mit solchen Leuten kann und will ich arbeiten«, kontert Günter. Aus seinem Gesicht spricht der Wahnsinn. »Wie auch immer, Hotte. Ich muss jetzt los. Die Arbeit schläft nicht. Danke für den Wachmacher. Das wärmste Jäckchen ist immer noch das Cognäckchen, oder?«

Ich sitz auf meinem Stuhl und will mich nich bewegen. Einerseits imponiert mir der Kampfgeist vom Günter, andererseits ist und bleibt er ein Blender. Ich sehe nur noch, wie er sein Handy ans Ohr nimmt und laut drauflosredet.

»Uwe, hör zu: Wir treffen uns in zwanzig Minuten bei der Neuen Allgemeinen. Wir nehmen uns den Langhans vor. Ja, genau. Den Schreiberling. Die Pottsau.«

Günters Stimme wird leiser. Ich höre nur noch Satzfetzen durch die Luft herüberfliegen. »Das Heft des Handelns …« und »positive Grundstimmung bei allen erzeugen …«. Dann ist er weg. Das Bollern seines Wagens durchschneidet die Stille auf der Sportanlage, bis es schließlich verstummt.

Ich lehn mich zurück und genieße für ein paar Augenblicke die Ruhe. Der Rasen kann mich heute mal gernhaben. Die Netze können auch noch ein bisschen im Wind trocknen. Die Minikicker trainieren ohnehin erst um drei. Ich gieße mir noch etwas Kaffee nach, falte die Zeitung zusammen und frage mich, wann Uwe dem Mäzen wohl sagen wird, dass er nich mitkommen kann zum großen Aufbruchsmeeting bei der Lokalsportredaktion. »Warum?«, wird

Günter dann fragen. Und Uwe wird kleinlaut gestehen müssen, dass er mit seinen Jungs gerade auf den Flieger nach Malle wartet.

Wenigstens abseits des Rasens kann der TSV sich noch für höhere Aufgaben empfehlen.

16. Abpfiff

Fußball, du bist ein Arschloch. Fußball, du bist das Allerletzte. Fußball, wir lieben dich.

Doch stopp, wir reden nicht von dir, Hochglanzzirkus Profifußball. Du Theater der Eitelkeiten, der Geldkoffer, der hochgereckten Daumen. Bei dir ist alles aalglatt, alles brutal gut, alles für die Katz.

Nein, Fußball. Hier unten, hier bei uns, wirst du noch geliebt. Mit Haut, Haar und eingewachsenen Fußnägeln. Von den ganz kleinen Lichtern, die sich jedes Wochenende zu einem großen Strahlen zusammenschließen.

In Güstrow, Langendreer, Glandorf. Auf tiefem Rasen, betonharter Asche und löchrigem Kunstrasen pumpen wir jede Woche unser Herzblut in deine Adern. Das Blut, das die da oben zum Dessert vernaschen. Während sie sich kaputtlachen über uns Trottel. Über die, die in den unteren Ligen über die eigenen Beine stolpern und dafür auch noch Mitgliedsbeiträge zahlen. Die nichts verstanden haben, weil ihnen zu uns nichts einfällt außer einem schlaffen Slogan:

»Unsere Amateure, echte Profis.«

Was für ein Schwachsinn!

Profis streben nach Perfektion, unser Fußball lebt von platten Spielbällen und müffelnden Leibchen. Hier unten zwischen Stockfehlern, Luftlöchern und Torschüssen ins Seitenaus wird der Fußball per Pressschlag am Leben gehalten. Das Spiel, in das wir uns alle im Laufe unseres Lebens so unsterblich verliebt haben.

Weil hier jeder mitmachen kann. Groß, Klein, Blind, Dumm: Wirf einen Ball in die Mitte einer Menschengruppe, und binnen kurzer Zeit wird sich ein Fußballspiel entwickeln. In einem bayerischen Bergdorf, auf einem Bolzplatz in Duisburg, im weiten Nirgendwo des Emslands. Es werden sich Mannschaften bilden, es wird die Könner, die Malocher und die Nieten geben. Und sie alle werden miteinander spielen wie kleine Kinder. Die Zeit vergessen, bis jemand danach fragt.

Bis zum Abpfiff sind sie keine Individuen mit Fehlern und Problemen mehr, sondern eine Einheit. Dafür brauchen sie kein Gehalt, kein Handgeld, keine Sponsoren. Sie brauchen nur einen Ball. Notfalls reicht auch eine leere Cola-Dose.

Wo sonst werden haarsträubende Fehler heutzutage noch so wunderbar kultiviert wie im Amateurfußball? Keine Idee ist zu dumm, kein Spruch zu peinlich, keine Beschimpfung zu weit unter der Gürtellinie. Im Job gibt es dafür Ärger, in der Politik peinliche Ausreden, zu Hause eine Notlüge. Doch auf dem Rasen ist das alles egal. Hier sind nicht der Schlaueste, der Lauteste oder der größte Arschkriecher ganz oben – sondern alle gleich. Gleich gut. Gleich schlecht. Gleichermaßen außer Atem nach dem ersten Sprint.

Wochenende für Wochenende verzweifeln Hobbykicker am Ball, am Gegner oder einfach am letzten Bier vom Vorabend. Wir verkörpern die feine Linie zwischen Nichtwollen und Nichtkönnen. Wir tanzen auf dieser Linie, sobald wir unsere Schuhe schnüren, ins Gebüsch rotzen und den Platz betreten.

Denn bestimmte Dinge kann man eben nicht lernen. Und das ist auch gut so. Aber man kann akzeptieren, dass dieses wunderbare Spiel auch ohne perfekte Technik, ohne flächendeckende Übersicht und Ausdauerwerte eines Marathonläufers funktioniert. Und dass es jene kindliche Euphorie hervorrufen kann, die uns das Leben eigentlich abtrainiert hat.

Man ist kein besserer Mensch, nur weil man einen Flugball mit einem einzigen Ballkontakt verarbeiten kann. Und schon gar nicht, weil man mal im richtigen Moment zur Stelle war und einen Ball über die Linie gedrückt hat.

Der Amateurfußball hält eine bedeutend wichtigere Lektion für alle bereit: Als Mannschaft kann man alles erreichen. Und als Einzelner nichts. Das gilt auf dem Platz. Und auch im Abseits.

Und wenn man nach einer bitteren 2:5 Niederlage enttäuscht auf das heimische Sofa sinkt und den Fernseher anschaltet, flimmert die Abart dessen über die Mattscheibe, was wir am Fußball so sehr lieben. Absurde Wettbewerbe, unmenschliche Geschwindigkeiten, beschämende Diskussionen: Profifußball ist zu einer Hetzjagd auf Ball, Schlagzeilen und obszöne Millionensummen verkommen. Sein Herz hat er in dieser atemlosen Atmosphäre längst verloren. Er gönnt sich keine Ruhe, Gewinnen ist längst nicht mehr das Wichtigste – sondern Gewinnmaximierung.

Dem einstmals so schönen wie einfachen Spiel wurden zwischen Asientouren, Videobeweis und Lippenlesern auf den Tribünen systematisch die Ecken und Kanten abgeschlagen. Alles ist blutleer, makellos, nett. Alles ist langweilig.

Ihr da oben, ihr braucht uns dringender, als ihr es wahrhaben wollt. Und doch ignoriert ihr uns. Schickt uns ein paar nett gemeinte Flyer mit leeren Worthülsen, ein paar Linienrichterfahnen oder Leibchen. Und nennt das Engagement. Ihr denkt, wir merken nicht, dass ihr uns nicht verstanden habt. Dabei seid ihr es, die gar nichts merken.

In diesen Momenten spürt man plötzlich wieder den Stollenabdruck auf dem Schienbein, den nassen Rasen in den Stutzen und hört den Anschiss des Trainers im Ohr nachhallen. Und man ist glücklich, dass man hier unten in der Perfektion der Unzulänglichkeiten sein Glück gefunden hat.

Es ist an uns allen, unser Spiel gefälligst so zu lassen, wie es ist. Holprig, dreckig, mitunter schmerzhaft. Dafür lohnt es sich zu kämpfen. In jedem Training. In jedem Spiel.

Weil sich Fußball nur echt anfühlen kann, wenn er ein bisschen wehtut. Weil wir auch Orte brauchen, in denen nicht alles von Controllern und Medienagenturen durchoptimiert ist. Weil wir uns alle in genau dieses Chaos unsterblich verliebt haben. Egal, ob wir Flasher, Dölli oder Düse heißen.

Wir sollten weiter straucheln, auf die Schnauze fallen und einfach wieder aufstehen. Über den Ball hauen, gegen den Pfosten rennen und auch mal den Gegner an die Bande grätschen, wenn es sein muss.

Wir alle sollten weiter Fehler machen dürfen – außer dem Schiri. Das ist klar!

Ein Abstieg kann eine Mannschaft zerstören und einen den ganzen Mist infrage stellen lassen. Abzusteigen tut weh, während der Saison und vor allem im Moment der Gewissheit. Die Energie ist dahin, alles tiefschwarz, der Torwart ein Fliegenfänger, der Trainer ein Arsch, und man selbst der größte Versager.

Doch jede Niederlage kann eine Mannschaft auch wieder zusammenführen. Sie kann neue Kräfte wecken, Charaktere formen, Druck vom Kessel lassen. Natürlich schmeckt das erste Bier nach einem 2:5 wie Eigenurin. Natürlich fühlt sich jedes Schulterklopfen an wie ein Schnitt mit Papas gutem Steakmesser. Natürlich will die Alte Herren ganz genau wissen, woran es gelegen hat. Am Wetter, am Quäntchen Glück, und wäre doch nur diese eine Chance am neunten Spieltag ins Tor gekullert, dann … ja, was dann?

Am Ende sitzt man gemeinsam in der Kabine und will für immer schweigen. Man kann sich nicht vorstellen, noch einmal seine Tasche zu packen, noch einmal in der Vorbereitung die Sandberge in der Baggerkuhle hochzusprinten, noch einmal das Kribbeln im Bauch zu spüren – wenige Sekunden bevor das erste Spiel der neuen Saison angepfiffen wird.

Doch dann trinkt man das zweite Pils, die Musik wird lauter, die Gespräche flacher. Dann sitzt der erste Witz, der Trainer hält die letzte Ansprache der Saison, und dann sind auch noch die Duschen warm. Doch nicht alles tiefschwarz, was?

Manchmal reichen zwei Stunden als Mannschaft, um eine verkorkste Saison wegzuwischen. Sich zusammenzuraufen. Sich nichts mehr übel zu nehmen. Und sich einzureden, dass es nicht mehr schlimmer werden kann und deswegen alles besser werden muss. Dass Fußball der größte Quatsch ist und doch das Allergrößte.

Weil nächste Saison jeder zu einhundert Prozent mitzieht. Weil jeder aus den Fehlern der abgelaufenen Spielzeit gelernt hat. Weil jeder weniger feiern, zuverlässiger planen und natürlich ab sofort immer zum Training kommen will. Und zwar pünktlich.

Versprochen, Dölli? Ganz bestimmt, Chris? Hand drauf, Uwe!

Man wird ja wohl noch träumen dürfen.

Wir Amateure sind also echte Profis? Am Arsch!

Wir wollen gar keine Profis sein.

Denn: Wir sind alles Amateure.

ANHANG

I. Wörterbuch »Kreisligatrainer – Deutsch/Deutsch – Kreisligatrainer«

Obwohl sie meist dieselbe Sprache sprechen, reden sie oft aneinander vorbei: der Trainer und seine Spieler. Damit das in Zukunft nicht mehr passieren kann, bedarf es etwas Nachhilfe bei der Übersetzung.

Zu seinem Verteidiger: **»Du bleibst neunzig Minuten ganz eng an dem Stürmer dran. Und wenn der aufs Klo geht, dann gehst du hinterher.«**
Übersetzung: »Eigentlich wissen wir beide, dass dein Gegner schneller ist als du. Dass er technisch besser ist, jünger, größer, schlauer, hübscher, reicher und natürlich erfolgreicher. Dass er ein Gewinnertyp ist. Und du eben nicht. Aber wenn ich dir das jetzt sage, dann brichst du in Tränen aus. Also häng dich an ihn ran, und tu dir nicht weh, wenn er dir einen Knoten in die Beine spielt. Viel Glück.«

Zu seinem Mittelfeldmann brüllend: »**Gut gedacht, Junge!**«
Übersetzung: »Du Dödel. Du Hirni. Du Vollfriseur. Was kannst du eigentlich? Einen Pass spielen schon mal nicht. Ein Spieler mit deinen Fähigkeiten gehört eigentlich in die Zweite. Aber dein Papa ist unser Trikotsponsor.«

Zum Schiedsrichter: »**Schiri, immer der Neuner.**«
Übersetzung: »Oder der Sechser. Oder der Dreier. Ist doch auch egal. Irgendwer von denen muss jetzt endlich Gelb kriegen. Oder am besten Rot. Aber am Ende ist es ganz egal, denn wenn wir verlieren, gibt es ohnehin nur einen Schuldigen. Dich!«

Vor einer Ecke: »**Leute, wie im Training. Variante vier.**«
Übersetzung: »Ich weiß, wir haben keine Varianten. Also Hauptsache, du bringst das Ding irgendwie hoch in den Strafraum. Bestenfalls auf unseren Eins-neunzig-Verteidiger Ecki. Dieser Hirte wird seinen Quadratschädel schon irgendwie an den Ball kriegen.«

Über den Edelfan der Mannschaft: »**Der Kerl ist positiv verrückt.**«
Übersetzung: »Der Junge hat einen Vollknall, das kann man gar nicht in Worte fassen. Rennt fünfundvierzig Minuten hinter mir her und will mir Tipps geben. Mir? Wo kommen wir denn da hin?«

Bei der Halbzeitansprache in der Kabine: »**Leute, wir haben ganz gut angefangen, aber …**«
Übersetzung: »Als ich die erste Kippe gerade zum Filter runtergeraucht hatte, stand es schon 0:2. Das ist eine Riesenscheiße, denn wenn ihr euch jetzt nicht den Arsch aufreißt

und das Spiel dreht, dann bin ich meinen Job los. Und dann muss ich abends zu Hause bei meiner Frau bleiben. Wollt ihr das? Ich nicht!«

Wild gestikulierend zu seiner Mannschaft: »**Ihr müsst verschieben!**«
Übersetzung: »Keine Ahnung, was das eigentlich bedeutet. Klingt aber schlau, ein bisschen nach Pep Guardiola.«

Nach einem Foul: »**Er spielt doch nur den Ball, Schiri!**«
Übersetzung: »Klar, da war auch das Sprunggelenk noch dazwischen, aber schau dir meinen Jungen doch an. Zehn Kilo zu viel, und gestern hat die Freundin Schluss gemacht. Der pumpt wie ein Maikäfer, der ist fertig, der hat seinen Körper nicht mehr unter Kontrolle. Also, drück ein Auge zu.«

Zum Mittelfeldabräumer: »**Gönn dir einen!**«
Übersetzung: »Bevor du Antifußballer den Ball verstolperst, hau ihn lieber weg. Und wenn es irgendwie geht, dann grob in Richtung des gegnerischen Torwarts. Meinetwegen auch in das Maisfeld dahinter.«

Nach dem Anschlusstreffer zum 1:6: »**Jetzt haben wir sie da, wo wir sie haben wollten.**«
Übersetzung: »Denkt an die großen Fußballwunder, Jungs. Bayern – Manchester 1999. Liverpool – Milan 2005. Oder das Wunder von der Weser 1987. Solskjær, Šmicer, Neubarth. Diese Männer haben Geschichte geschrieben, obwohl sie auch nur unwesentlich bessere Fußballer waren, als ihr es seid. Weil sie an sich geglaubt haben. Und jetzt geht raus, und versucht, euch nicht noch mehr zu blamieren. 0:6 ist bei unserer momentanen Verfassung doch ein ganz gutes Ergebnis.«

Bei Rudelbildung: »**Leute, wir müssen doch morgen alle arbeiten.**«
Übersetzung: »Außer mir, denn dieser dämliche Mäzen drückt mir jeden Monat 800 Euro bar in die Hand. Schwarzgeld lacht, Freunde.«

Nach Abpfiff zum Lokalreporter: »**Das ist bitter. Da machst du über neunzig Minuten das Spiel, fängst dir acht Konter und verlierst.**«
Übersetzung: »2:8, das klingt nicht nur auf den ersten Blick heftig. Und eigentlich waren wir auch chancenlos. Aber der gegnerische Trainer ist ein Schweinehund. Der hat mir vor zwölf Jahren auf dem Schützenfest mal einen Rum Cola vom Tablett geklaut, die Sau.«

Zum Abschied um 21:30 Uhr: »**Jungs, Dienstag machen wir dann vor dem Training eine kleine Nachbesprechung.**«
Übersetzung: »Schon mal was von Zirkeltraining gehört? Von Branko Zebec? Felix Magath? Euch Versager werde ich so lange um den Platz scheuchen, bis euch der Teer aus den Lungenflügeln tropft. Oh, Moment. Dienstag kann ich ja gar nicht. Ach, macht doch, was ihr wollt.«

II. Wörterbuch: »Kreisligaspieler – Deutsch/Deutsch – Kreisligaspieler«

Wenn Spieler auf dem Platz nur halb so viel laufen würden wie sie reden, wäre der Fußball im Unterhaus ein anderer. Damit man beim Phrasenballett nicht den Überblick verliert, ist es sinnvoll, die wichtigsten Aussagen und deren wirkliche Bedeutung zu kennen.

»Komme etwas später, mein Auto ist kaputt/meine Katze ist krank/Oma wird neunzig.«
Ob Katze, Oma oder das eigene Auto. Irgendwer ist sonntags auf jeden Fall immer so krank, dass man sich morgens vor dem Treffen noch rührend um ihn kümmern muss. Und das mindestens elfmal pro Saison. Aber wer schreibt schon gerne: »Hab verpennt, sorry.«

»Hat irgendjemand ein zweites Paar Schienbeinschoner dabei?«
Wahlweise auch Stutzen, Hose, Trainingsanzug oder Kontaktlinsen. Jeder Amateurkicker wird mindestens einmal

pro Saison von einer mysteriösen Demenz befallen, die dem bemitleidenswerten Spieler große Lücken ins Gedächtnis reißt und das Wissen darüber auslöscht, was man zu jedem verdammten Fußballspiel mitbringen sollte.

»Wo ist die Wertsachentasche?«
Dumme Frage: Es gibt keine. Beziehungsweise es gibt eine löchrige Plastiktüte voller trockenem Gras und Erdklumpen, die als tragbarer Tresor verwendet wird. Dass diese Tüte in der nicht abgeschlossenen Kabine auf einen glücklichen Finder wartet, ist einer dieser feinen Traditionen jeder Mannschaft.

»Die haben heute drei Mann aus der Ersten dabei.«
Die übliche Ausrede des Kapitäns, die einem schon vor Anpfiff die Erklärung dafür liefert, warum die Welt ein Arschloch und die eigene Mannschaft heute mal wieder chancenlos sein wird. Dass einer der drei Spieler aus der Ersten der Ersatztorwart ist, der ausnahmsweise im zentralen Mittelfeld aushilft? Und der zweite der Mannschaftsbetreuer? Wer wird denn da so kleinlich sein?

»Kommen wir vor Anpfiff noch mal rein?«
Amateurkicker sind sensible Wesen, die gerade vor dem Spiel ein hohes Maß an Sicherheit brauchen. Deswegen sind Automatismen wichtig, und die Information, ob man vor Spielbeginn noch einmal in die Kabine geht, um sich heißzumachen und letzte taktische Anweisungen aufzusaugen, ist für die anschließende Leistung entscheidend. Eigentlich muss der Fragesteller noch mal aufs Klo und will lediglich wissen, ob er jetzt gehen sollte oder ob es später noch klappt.

»Der Platz ist klein, da muss man auch mal aus der zweiten Reihe abziehen.«
Kann man machen. Muss man aber nicht. Denn egal, wie klein der Platz ist, die Fangzäune sind ganz sicher nicht hoch genug für die Schusstechnik der Offensivabteilung.

»Verlierer fängt an.«
Ein Klassiker, der dringend mit einem Augenzwinkern ausgesprochen werden muss, um nach der verlorenen Seitenwahl für die nötige Grundspannung beim Gegner zu sorgen. Viel Spaß bei den ersten fünfzehn Minuten.

»Der geht immer links vorbei … oder rechts.«
Oder manchmal auch durch die Mitte, weil die gut gemeinten Tipps der Mitspieler den Verteidiger dermaßen verwirren, dass er zur Slalomstange erstarrt.

»War richtig so.«
War es natürlich nicht. Der Pass/Schuss war vor allem so richtig scheiße, und das weiß dein Mitspieler auch. Aber nützt ja nichts.

»Hintermann!«
Nachdrücklicher Hinweis eines Mitspielers, dass der optimale Zeitpunkt, den Ball zu spielen, ganz bestimmt verpasst wurde und nun alle die Daumen drücken, damit der ballführende Spieler mit einer geschickten Bewegung den anlaufenden Gegner abschüttelt. Klappt leider nie.

»Positiv bleiben!«
Auch wenn man beim Stand von 0:6 in der 53. Minute vor lauter Frust sogar bereit ist, ein Katzenbaby im Schneeregen

auszusetzen, bricht man niemals die eiserne Regel, den eigenen Spieler niemals niederzumachen. Dieses Arschloch!

»Nur stellen …«
Kanadische Wissenschaftler haben herausgefunden: Dieser pazifistischen Aufforderung zur sanften Zweikampfführung folgt in achtundneunzig Prozent der Fälle ein brutaler Tritt in die gegnerischen Waden. War richtig so.

»Ruhig, ruhig … Zeit, viel Zeit!«
Fatale Fehleinschätzung. Kaum ist dieser Satz ausgesprochen, hetzen zwei Gegner auf den ballführenden Mitspieler. Den Atem des Feindes im Nacken, lässt er sich zu einem Pass hinreißen, den er eigentlich gar nicht im Repertoire hat. Fehlpass, Konter, Gegentor, vielen Dank.

»Guter Ball!«
War natürlich kein guter Ball. Es sei denn, der Trainer hat vor der Partie die Taktik ausgegeben, jeden Ball ins Aus zu stolpern.

»Angebote!«
Klingt nach Real, klingt nach Wursttheke im Supermarkt, ist aber der naive Hilferuf eines ballführenden Mitspielers, der selten bis nie erhört wird. Was folgt, sind also keinesfalls Angebote zum Anspielen, sondern: Fehlpass, Ballverlust, Frustfoul, Gelb, Motzen. Weiter, immer weiter.

»Am Sechzehner ist Schluss!«
Man sagt nicht umsonst, dass Torhüter und Linksaußen eine Meise haben. Und so lebt bis heute jeder Keeper in dem unerschütterlichen Glauben, dass seine Mitspieler ihm blind

vertrauen, wenn ein Freistoß in den Strafraum segelt, und sich sofort nach vorne orientieren. Denn nachdem er den Ball sicher aus der Luft gepflückt hat, wird er ihn garantiert manuelneueresque in des Gegners Hälfte schleudern und einen Konter einleiten. Passiert nur leider nie, weil irgendein Depp sich im Strafraum noch schnell die Schuhe zubinden muss.

»Mehr klare Bälle!«
Man könnte auch brüllen: »Hau das Scheißding einfach über den Zaun, Mann!« Aber das klingt leider nicht so souverän.

»Leeeeeeo!«
Universeller Brunftlaut, der jedem Spieler auf dem Rasen klarmachen soll: ich Ball, du weg! Oft gefolgt von einem grotesken Tritt in ein monströses Luftloch, weil der rufende Mitspieler all seine Energie in eben jenes markerschütternde Gebrüll gelegt hat. Erstarrt ein Gegenspieler nach dem Erschallen des Schreis zu einer Salzsäule, heißt er übrigens mit neunundneunzig Komma neun prozentiger Wahrscheinlichkeit tatsächlich Leo.

»Der kann nichts!«
Außer Übersteigern, tödlichen Pässen, schießen mit links, schießen mit rechts, punktgenau flanken, knallhart tackeln und laufen wie ein junges Kaninchen. Aber man kann ja mal versuchen, seinen Willen zu brechen.

»Schiri, wie lange noch?«
Aus dieser Frage spricht die blanke Angst vor dem Kreisligaexitus. Wird erstmals in der 65. Minute mit pfeifender Lunge über den Platz geröchelt und vom Schiedsrichter in der Re-

gel bis zur 85. Minute ignoriert, um nicht auf beiden Seiten Panikattacken auszulösen. Dem per Handzeichen angezeigten Hinweis: »Noch drei Minuten«, folgen kollektives Aufatmen (bei denen, die das noch können) und das stillschweigende Agreement beider Mannschaften, diese drei Minuten mit Auswechslungen und vorgetäuschten Krampfanfällen über die Runden zu bringen.

»Hat jemand den Medizinkoffer dabei?«
Auf diese Frage kann es im Amateurfußball nur eine logische Antwort geben: natürlich nicht!

»Wie konnten wir gegen diese Truppe verlieren?«
Die goldene Regel der Spielanalyse: Egal, ob 0:1 oder 2:11. Die Schuld an der Niederlage ist niemals in den eigenen Reihen zu suchen, sondern grundsätzlich dem Wetter, dem Rasen, dem Wind, den Trikots, der Kabine, dem Schiri oder gar einem vorbeistreunenden Straßenhund zu geben.

III. Medizin: Physiologische Grundlagen der Amateurfußballverletzungen

Ob Diskussion oder Distorsion, unterm Strich tut Fußball oft einfach verdammt weh. Eine Übersicht über die statistisch häufigsten Verletzungen im Amateurbereich.

Eiterschenkel

Jene offene Stelle am anatomisch nicht genau definierten Übergang zwischen Pobacke und äußerem Oberschenkel. Klassische Folge einer leichtsinnigen Grätsche auf zu trockenem oder Kunstrasen. Ist besonders hartnäckig und klebt nur zu gerne an den eigenen Boxershorts fest, was den Heilungsprozess um Wochen verlängert. Der Schmerz beim Abreißen der sanft verheilten ersten Hautschicht wird im Grunde nur von dem Moment übertroffen, in dem man sich durch eine weitere unüberlegte Grätsche die gleiche Stelle noch mal aufreißt. Sollte man den Schmerz in Worte fassen müssen, würde man wohl sagen: »Stell dir vor, jemand rammt dir ein glühendes Hufeisen auf den Oberschenkel. Während du dir mit einer Kettensäge die Brusthaare stutzt.«

Sorgt nicht selten für den Verfall der eigenen Körperhygiene, da das Duschen mit offener Wunde noch schmerzhafter ist. Die Folgen: Verwahrlosung, Verlust der sozialen Kontakte, Einsamkeit, Anmeldung zum Schirischein.

Mögliche Behandlung: Erst mal Eisspray drauf!

Schlackeknie

Nur stilecht mit eingewachsenen Schlackeresten aus dem Jahr 1994, eitert sich das gemeine Schlackeknie durch jedes noch so resistente Beinkleid. Wird gerne von schlecht ausgebildeten Betreuern voreilig mit Sprühpflaster behandelt, was zwar keinesfalls hilft, aber zumindest für wenige Augenblicke den Schmerz auf eine andere Ebene hebt. Hierzulande sieht man jeden Sommer Amateurfußballer, die sich anerkennend auf die geschundenen Knie blicken. Echte Experten behaupten sogar, sie könnten an der Färbung der zersetzten Steine unter der Haut das korrekte Geburtsjahr des Spielers ermitteln. Leider gibt es aber kein »Wetten, dass …?« mehr.

Mögliche Behandlung: Erst mal Eisspray drauf!

Brandelle

Das Kreisliga-Pendant zum Gesichtstattoo im Knast. Entsteht vornehmlich durch plumpes Fallen des Opfers über unerwartet auftretende Hindernisse (gegnerisches Bein, eigener Schnürsenkel, Ball) auf stumpfem Rasen. Meist Folge mangelhaften Reaktionsvermögens und ausbaufähiger Hirn-Körper-Koordination des Betroffenen. Die genauso ober- wie großflächige Wunde brennt bereits nach Sekunden wie das alte Rom unter Kaiser Nero. Je nach geistiger und körperlicher Konstitution kann die Brandelle auch in schlimmeren Fällen zum Brandkinn werden. Wünscht man niemandem.

Mögliche Behandlung: Erst mal Eisspray drauf!

Adduktorenzerrung

Eine Verletzung, die es nach Aussagen älterer Amateurfußballer zu ihrer Zeit nicht gab, weil es damals keine Adduktoren gab. In dieser grauen Vorzeit wurde man übrigens immer dann für fit erklärt, wenn man sich auf zwei Beinen einigermaßen geradeaus bewegen konnte. Die eingebildeten Verletzten wurden zum Volleyball gescheucht.

Mögliche Behandlung: Erst mal Eisspray drauf!

Pressschlagfuß

Eiserne Regel beim Pressschlag: niemals zurückziehen. Wer sich Millisekunden vor dem Duell Fuß gegen Ball gegen Fuß dazu entscheidet nachzugeben, hüpft fortan mit einer tennisballgroßen Verdickung am Sprunggelenk durch die Welt. Sieht nicht nur scheiße aus, ist auch wirklich scheiße.

Mögliche Behandlung: Erst mal Eisspray drauf!

Eckengesicht

Plötzliche Deformation von Nase, Jochbein und Gebiss durch zu intensiven Kontakt mit einem gegnerischen Vollspann. Mediziner beobachteten, dass dieser Verletzung oft unangebrachter Heldenmut und der kehlige Trainerausruf »Geh mit nach vorne!« vorausgeht. Besonderheit dieser Verletzung ist, dass sich keiner der anwesenden Spieler oder Zuschauer an die genaue Entstehung der Verletzung erinnern kann. Einige der Betroffenen haben noch Jahre später mit Flashbacks zu kämpfen und wachen schweißgebadet aus ihren feuchten Träumen auf.

Mögliche Behandlung: Erst mal Eisspray drauf!

Plopphoden

Es gibt nur ein Geräusch, das bei Amateurfußballern sogar Mitleid mit dem Gegenspieler erzeugt: Es ist jenes hallende Ploppen, das entsteht, wenn ein satter Fernschuss in die Weichteile eines anderen Spielers einschlägt. Und während das bedauernswerte Opfer in jenen Momenten atemloser Stille röchelnd zu Boden sinkt, ist eines so sicher wie der Schmerz an sich: Irgendwo auf dem Rasen kommt einem Spieler die einzig sinnvolle Ersthelfermaßnahme für dieses Problem: »Arme hoch!«

Mögliche Behandlung: Erst mal Eisspray drauf!

Schützenfestgrippe

Sonderbare Blitzerkältung, die Spieler meist plötzlich und spätnachts befällt. Meist im munteren Beisammensein mit Schützenbrüdern, mit denen man eigentlich nur gemütlich »ein« Bier trinken wollte. Besonderheit der Krankheit ist der totale Zusammenbruch aller kommunikativen Fähigkeiten, weswegen Trainer und Mannschaft morgens in der Kabine gemeinschaftlich die Mailboxnachricht des sichtlich gezeichneten Opfers anhören. O-Ton: »Kenn nichd (lautes Gejohle immer Hintergrund) komman (Gläser klirren), bn krnkkkkkkkkkkkkkk! (Mickie Krauses Gesang setzt ein.)«

Einzig mögliche Behandlung: 50 Euro in die Mannschaftskasse.

Leistungszerrung

Diese Verletzung ist noch weitestgehend unerforscht, dabei grassiert sie landesweit. Ja, man kann sogar von einer kleinen Epidemie sprechen. Ohne größere Vorwarnung verweigert der Körper vollumfänglich seinen Dienst. Dem betroffenen Spieler verspringt plötzlich jeder Ball, schon beim

Trikotanziehen setzt japsende Schnappatmung ein. Der Betroffene gibt lautstark wahnwitzige Anweisungen von sich (»Pressen!«, »Schieben!«, »Hier, ich bin frei!«). Typische Körperhaltung während der Leistungszerrung: vornübergebeugt, beide Hände auf die Oberschenkel gestützt, kopfschüttelnd. Nach neuesten Erkenntnissen kann diese Verletzung sogar chronisch werden.

Einzig mögliche Behandlung: Sofortiger Wechsel in die Alte Herren.